1

Dello stesso autore:

Sul concetto di sincronicità: Jung tra psicanalisi e quantismo

Tra fisica e metafisica: alcune implicazioni filosofiche della meccanica quantistica.

L'Arte come Via Iniziatica: Battiato attraverso Gurdjieff.

Tra magia e follia: l'alchimia di vita e psiche in Giordano Bruno.

ISBN-10: 1515054128 ISBN-13: 978-1515054122
ASIN: B00LEE4F9I CreateSpace Publishing, Seattle 2015.
Copyright © Lucio Giuliodori. Nuova Edizione 2023.
www.luciogiuliodori.net
www.rudn.academia.edu/LucioGiuliodori

Lucio Giuliodori

Viaggio Iniziatico tra gli Arcani Maggiori.

INDICE

Introduzione: Il Viaggio del Matto............. p. 9

Primo settenario... p. 12

Il Matto
Il Mago
La Papessa
L'Imperatrice
L'Imperatore
Il Papa
Gli Amanti
Il Carro

Secondo settenario... p. 53

La Giustizia
L'Eremita
La Fortuna
La Forza
L'Appeso
La Morte
La Temperanza

Terzo settenario... p. 91

Il Diavolo
La Torre
La Stella
La Luna
Il Sole
Il Giudizio
Il Mondo

Bibliografia... p. 134

Ti invito al viaggio
In quel paese che ti somiglia tanto
I soli languidi dei suoi cieli annebbiati
Hanno per il mio spirito l'incanto
Dei tuoi occhi quando brillano offuscati
Laggiù tutto è ordine e bellezza
Calma e voluttà
Il mondo s'addormenta in una calda luce
Di giacinto e d'oro
Dormono pigramente i vascelli vagabondi
Arrivati da ogni confine
Per soddisfare i tuoi desideri.

F. Battiato – M. Sgalambro, *Invito al viaggio.*

Il Viaggio del Matto

Innanzitutto, cosa sono i tarocchi? Eliphas Levi ne dava questa dettagliata descrizione:

«E' un'opera singolare e monumentale; semplice e possente come l'architettura delle piramidi; quindi, è ugualmente duratura; un libro che è un compendio di tutte le scienze e le cui combinazioni infinite sono in grado di risolvere tutti i problemi; un libro che parla facendo pensare; ispiratore e regolatore di tutte le ispirazioni possibili: forse l'opera maestra dell'anima umana e, senza alcun dubbio, una delle cose più belle che siano giunte fino a noi dall'antichità, clavicola universale, vera macchina filosofica che impedisce all'anima di smarrirsi, lasciandole l'iniziativa e la libertà; sono le matematiche applicate all'assoluto, l'alleanza tra il positivo e l'ideale, una lotteria di pensieri rigorosamente esatti come i numeri; infine, è forse nello stesso tempo la cosa più semplice e più grande che il genio umano abbia mai concepito».

Della simbologia di questa opera monumentale vuole occuparsi il testo in questione il quale la inquadra appunto come

9

cammino iniziatico, quello che il Matto, smarrito e confuso, comincia non sapendo nemmeno dove andare. Questo suo smarrimento però più che lo spazio esteriore concerne quello interiore, è uno smarrimento esistenziale, quello dell'uomo che da sempre si è chiesto: chi sono, dove sono, da dove vengo e dove dovrei andare.

Da qui comincia il percorso straordinario del Matto che giungerà fino al Mondo, richiamando il percorso dell'uomo assillato dalle questioni epocali.

Il sapere che egli cerca però è un sapere totalmente diverso da quello che gli è stato sempre insegnato, un sapere che per molti è assurdo, folle, irrazionale. Ma egli, in quanto appunto simboleggiato dall'archetipo del Matto, crede alla follia e all'assurdità di questo sapere.

Questo testo racconta il Viaggio degli Arcani Maggiori prendendolo ad archetipo del viaggio dell'uomo che vuole cercare, che vuole sapere e che vuole osare: l'iniziato.

Lucio Giuliodori

Primo settenario

MATTO

Indecifrabilità, follia e libertà è la triade dialettica che definisce e caratterizza il Matto.

Lontano da tutto e da tutti, senza averi né voleri, il Matto è il sognatore con la testa tra le nuvole, il suo sguardo è sempre volto in alto, egli rappresenta l'inizio e insieme la fine, un viandante alla ricerca di sé stesso, è sempre in viaggio ma senza meta: è l'andare.

È il momento che precede l'azione: tutte le probabilità sono ancora possibili, è un po' come il gatto di Schrödinger, sia vivo sia morto, bisogna aprire la scatola per scoprirlo. In questo caso bisogna prendere un'altra carta, per vedere dove va appunto. Il Matto infatti è perennemente indeciso, va ma non si sa dove solo le carte a lui vicine ce lo diranno. In quanto indefinibile, sul piano divinatorio questo arcano, che nelle carte da gioco è diventato il Jolly, dipende *sempre* delle carte vicine.

Tuttavia il Matto indica in generale novità favorevoli, aperture, libertà. Anche libertà morale: il Matto è l'anticonformista che segue la via del cuore, dell'intuizione più che della ragione. Di fronte a una scelta, il Matto può indicare la più illogica, ma sicuramente quella legata all'interiorità, che se ne infischia dei giudizi esterni, della morale e del buon senso.

L'energia del Matto non è ben definita e si concretizza nell'arcano successivo, il Bagatto, che grazie alla sua capacità magica, riesce a plasmarla: se infatti il Matto è energia pura, il Bagatto è energia che vuole manifestarsi.

Secondo un vecchio detto iniziatico «la vita è un gioco in cui l'importante è vincere non partecipare», e come si può vincere? Solo conoscendo alla perfezione le regole di questo *gioco*. Il Matto le conoscerà grazie al Mago.

Un aspetto interessante su cui soffermarsi è inoltre quello legato all'abito. Il Matto nei Tarocchi di Marsiglia e in quelli di Wirth, è raffigurato come un buffone medioevale. Egli però è totalmente indifferente alla derisione altrui derivante dalla sua diversità e tale salda indifferenza, degna di un iniziato, rimanda ad una forza interiore considerevole, non a caso i giullari erano gli unici che potevano dire le verità più sgradevoli anche ai sovrani, in virtù della loro follia dichiarata, una follia che li accosta ad un mondo lontano da quello dei comuni mortali.

La loro follia è in realtà saggezza, che ricorda quella dell'*Idiota*, il principe Myskin di Dostoesvkij: un individuo incompreso e incomprensibile i cui confini di idiozia e santità si fondono e si confondono.

Un altro dettaglio importante su cui porre l'attenzione è il cane che lo morde alla gamba: non può che rappresentare il lato più istintuale dell'inconscio, il lato animale e violento della personalità, che si ribella ad un mondo che non lo comprende. Come può infatti un pazzo essere compreso? Ed ecco allora la ribellione, più istintiva e inconscia che premeditata e consapevole: il Matto è infatti più concentrato nel cammino che nella protesta in sé.

L'incomprensione del mondo esterno non pregiudica l'intento precipuo del suo esistere: l'andare[1]. Egli sembra non risentirne, anche l'espressione del suo volto non è sofferente, sembra non accusare il dolore del morso dell'animale: è totalmente indifferente a ciò che lo circonda, reale incluso, sembra quasi rimandare a quei mistici o iniziati che in virtù del loro stato di coscienza diversificato perdono il contatto con le percezioni, eliminando la stessa sensazione del dolore

---

[1] La pittrice e scrittrice surrealista Leonora Carrington soleva dipingere spesso una iena accanto a sé, come in *Autoportrait* (1938) in cui l'animale le porge addirittura la zampa.

fisico, pensiamo per esempio allo stesso Giordano Bruno, torturato e poi bruciato dall'Inquisizione. Si narra addirittura che il Nolano non sentisse il dolore come una persona normale, avendo sviluppato dei poteri interiori in grado di traslarlo via dalla materialità percepita[2].

Waite lo disegna addirittura in una posizione armonica, sembra che stia danzando, è in totale armonia col mondo esterno, lo stesso cane è qui assolutamente docile e addirittura non lo morde nemmeno ma gli sta accanto felice. L'interpretazione di Waite si distanzia nettamente da quella dei tarocchi marsigliesi o da quella di Wirth nei quali una lince, e non più un cane lo morde invece vistosamente.

Waite dunque, togliendo anche l'elemento istintivo-aggressivo, conferisce a questo arcano un significato del tutto positivo, il Matto sembra avere il mondo ai suoi piedi, sembra il direttore dell'orchestra del reale.

---

[2] Altro aneddoto leggendario riportato anche da Tommaso Palamidessi che ne parla nei *Quaderni*, riguarda l'uccisione di S. Lorenzo condannato al rogo: si dice che chiese al boia di rigirarlo dall'altra parte in quanto nell'altra era già abbastanza arrostito.
Su Giordano Bruno rimando al mio saggio *Tra magia e follia: l'alchimia di vita e psiche in Giordano Bruno*, CreateSpace Publishing, Seattle 2015.

Un ultimo dettaglio da analizzare è il bastone col sacchetto, particolare questo presente in tutti i mazzi, degno dunque di attenzione. Cosa vi è contenuto lì dentro? Sono tutti i suoi averi... Il fatto che possano entrare in una piccola borsetta fa supporre che tali averi non siano materiali quanto piuttosto il bagaglio delle esperienze interiori, di natura psichica dunque.

Sul piano prettamente divinatorio questa lama è sicuramente di buon auspicio, purtuttavia, con essa più che con qualsiasi altra, è fondamentale la carta seguente, come già accennato infatti il Matto va ma non si sa dove, è la carta seguente ad indicarci il «luogo», ossia la risposta più dettagliata alla nostra domanda. Il Matto infatti, fondamentalmente è un viandante e in quanto tale simbolo supremo di chi intraprende la Via, Bosch stesso nel suo dipinto del 1510, *Il viandante* appunto, ritrae una figura che ha incredibili rimandi con la lama senza numero. È un uomo in viaggio, vestito di stracci, con un bastone e un cane che gli gira intorno, il viandante di Bosch però si guarda indietro, il nostro invece guarda avanti, andiamo a scoprire *dove*, con la prossima carta.

1
MAGO
La creazione, la volontà, lo slancio, il progetto.

Il Mago, chiamato anche in alcuni mazzi «Il Bagatto», è la carta numero uno, è l'uomo consapevole del suo potere, in procinto di attuarlo: ha tutto il necessario per farlo, un tavolo pieno di strumenti magici di fronte a lui. Inoltre il simbolo dell'infinito sopra il capo indica un'abbondanza creativa, una connessione col reale circostante nonché una vivacità e un'abilità sul piano noetico.

Incarna l'ideale dell'*homo faber* rinascimentale, artefice del proprio destino: è il trionfo del libero arbitrio contro le forze cieche del fato. È colui che riesce a far conciliare l'astratto col concreto, l'immaginario col reale, l'incantesimo con il risultato effettivo: è la magia in azione.

Ha tutte le *carte* per riuscire, è pieno di strumenti e di capacità palesi, evidenti, sfoggiate in bella mostra, nel tavolino di fronte a sé. Possiede la forza per attuare ciò che vuole.

Nei Tarocchi di Marsiglia ha sempre dei dadi di fronte a sé, in alcune raffigurazioni ne ha due, in altre ne ha tre i quali mostrano rispettivamente i numeri 1, 2 e 4, la cui somma è 7. Moltiplicando questo numero per il numero dei dadi otterremmo 21, ossia il numero esatto degli Arcani Maggiori appunto. Il Mago è in possesso di tutti gli Arcani dunque, o meglio li contiene tutti in potenza, deve solo dispiegarli, egli rappresenta l'inizio del percorso che poi si completerà attraverso l'Arcano numero 21, il Mondo appunto.

Sempre nei Tarocchi di Marsiglia è rappresentato come un giocoliere, *bateleur* appunto, in quanto egli allude alla vita vista come gioco, un gioco però in cui l'importante è vincere, non partecipare, di questo parlano gli Arcani: il Mago alla fine vincerà, perché il Mondo, l'ultima carta, ci parla proprio di un trionfo, un successo completo sia sul piano materiale che spirituale.

Anche la sua cintura racconta qualcosa, essa è simbolo di volontà ed è doppia (nei Tarocchi di Marsiglia è più chiaro), ciò significa che il Mago è in grado di esercitare la volontà sia sull'intelletto, la parte superiore della cintura, sia sugli istinti, parte inferiore. Sappiamo infatti di quanto sia importante l'elemento della volontà in magia, prima potenzialità da rafforzare ed allenare costantemente e una delle tre componenti fondamentali: osare, volere, tacere. Il coraggio, in quanto la magia ne richiede in gran quantità, la volontà, ossia il costante e duro esercizio giornaliero, l'allenamento e lo sviluppo dei sensi sottili[3], e infine il silenzio, cioè la concentrazione interiore indispensabile in quanto l'atto prodigioso si crea e si svolge nella mente del Mago. Il silenzio inoltre allude al divieto di divulgare il sapere magico, elitario ed appunto *esoterico*.

Va notato che il Mago dei Tarocchi è giovane, ossia è pieno di potenzialità ed è in procinto di usufruirne, un elemento di estrema importanza. Se nell'iconografia classica si è soliti raffigurare la figura del mago quale vecchio barbuto, nei Tarocchi esso stravolge totalmente tale concezione, rilanciando un'immagine di un giovane pieno di potenzialità e di potere, che non ha bisogno di una vita intera atta ad accumulare saggezze, la saggezza è già tutta lì, è *in azione*. È impressa negli strumenti pratici e operativi

---

[3] A tale proposito, per un approfondito studio sulle tecniche di sviluppo delle facoltà magiche si rimanda all'opera di Franz Bardon. Nella trilogia *Introduzione alle dottrine ermetiche* (Venexia, Roma 2011, a cura di Sebastiano Fusco), il celebre mago ceco, svela il suo insegnamento in modo dettagliato e rigoroso.

che il Mago ha di fronte, il suo sapere è un sapere essenzialmente pratico.

Egli ha di fronte a sé tutti i semi degli Arcani Minori: un denaro, un bastone, una coppa e un coltello che simboleggia la spada. Anche i quattro elementi sono in suo pieno possesso: fuoco (Bastoni), acqua (Coppe), terra (Denari) e aria (Spade).

La mano destra (che rimanda alla parte attiva, maschile e solare) è alzata e regge una bacchetta, quella sinistra, ricettiva e femminile, va a formare una diagonale perfetta, indicando in basso: tra il piano metafisico e quello fisico c'è un interscambio, una connessione, «come in alto così in basso» come si legge nella Tavola Smeraldina. Il Mago è colui il quale mette in atto questa connessione, la regola, la usa a suo vantaggio: polarizza il potere che gli viene dall'alto concentrandolo nella realtà materiale sottostante, modificandola.

Inutile dilungarsi sul concetto di magia in sé, al cui riguardo la letteratura è sterminata, ciò che preme sottolineare è la portata concreta di questo Arcano sul piano prettamente divinatorio.

Collegato al segno dell'ariete, esso può indicare una persona più giovane, intelligente, intraprendente oppure l'inizio di una nuova attività, occasioni da prendere al volo, in ogni caso movimento, azione, ossia agire subito perché se ne ha il potere.

È sempre collegato a qualcosa di materiale, concreto, un lavoro intraprendente dal punto di vista pratico più che da quello intellettuale. Accanto a carte negative potrebbe indicare: eccesso di scaltrezza, furbizia o esibizionismo, troppe parole dette o mancanza di umiltà, specie se vicino alla Torre.

Può ovviamente anche indicare un adolescente e a volte anche una certa emotività, tipica di questo periodo della vita, altre volte ancora può perfino alludere a una certa inesperienza, anch'essa legata alla giovane età. A tale proposito alcuni tarologi fanno notare come egli non usi gli strumenti magici che ha di fronte, o meglio non li usi *ancora* per mancanza appunto di esperienza. Se questa giovane persona opera nel pieno delle sue facoltà o è ancora leggermente in balia della sua scarsa preparazione, ce lo diranno le carte vicine e il contesto della lettura specifica.

Le quattro carte seguenti infine, Papessa, Imperatrice, Papa, Imperatore, rappresentano: la famiglia, l'educazione, la tradizione e la scuola, da cui il giovane si emanciperà trovando una compagna: la sesta carta, gli Amanti[4].

---

[4] Anche se poi vedremo che la lama degli Amanti non indica solo ed esclusivamente una scelta in campo affettivo.

2
PAPESSA

Questo arcano incarna letteralmente il concetto di *conoscenza esoterica* coagulata in ricettività, mistero e principio femminile. La Papessa in sostanza è il non-io del Mago. Immersa nel silenzio e nel mistero, sta leggendo appunto il libro della conoscenza[5], per di più seduta in un trono. Sul piano divinatorio la Papessa invita ad astrarsi da sé, dilettandosi in un esercizio di momentaneo distacco dagli eventi della propria vita al fine di osservali. Questa è una carta che invita a chiedersi quali siano i misteri che si celano dietro la situazione attuale. Per questo motivo è una carta profondamente esoterica. Per «l'uomo comune» quando succede qualcosa, per esempio qualcosa di negativo, esso o è il frutto di una punizione divina (il modello di interpretazione religioso) o semplicemente è successo perché una causa materiale ha prodotto un effetto (il modello di interpretazione meccanicista). Sono scivolato

---

[5] Waite, molto esplicitamente, mostra la Torah.

e mi sono fatto male: la mia coscienza sporca mi porta a pensare che il Signore abbia voluto punirmi – interpretazione religiosa. Sono caduto perché la strada è ghiacciata ed è ghiacciata perché è inverno, la mia è una spiegazione del tutto logica e razionale - interpretazione meccanicista.

Per l'iniziato non è così, consapevole di vivere in una misteriosa foresta baudelaireana fatta di simboli e archetipi, egli rifiuta entrambi i modelli interpretativi e si chiede: perché è successo questo? Cosa mi sta dicendo la realtà? Cosa vuole comunicarmi? Su cosa devo porre l'attenzione? Cos'è che mi sta sfuggendo? Da cosa e perché mi sto distraendo? Sono distratto, non sono concentrato: su me, sulla mia vita, sui miei obiettivi. La realtà mi sta richiamando all'ordine – la realtà sono io, il mondo esterno e quello interno sono profondamente interconnessi, così interconnessi ad un livello profondo, da essere una cosa sola[6].

La carta della Papessa ci dice proprio questo: guardati dentro. Anche attraverso i sogni per esempio o la meditazione o semplicemente il

---

[6] A questo proposito rimando al mio articolo *Un universo interconnesso,* pubblicato sul numero 47 (Gen./Feb./Mar. 2014) della rivista «Scienza e Conoscenza», Macroedizioni, Cesena 2014.

silenzio, la tranquillità della solitudine, almeno per un momento, fino a che non si è fatta luce sul problema attuale.

La carta può anche voler dire: «nascondi i tuoi segreti alla vista degli altri». Non esporti troppo ora, piuttosto abbi pazienza e rimani per un attimo in disparte ma non senza far niente... Questa lama invita allo studio, ad approfittare di questo momento di raccoglimento per leggere o studiare qualche testo esoterico che possa aiutare ad ampliare le conoscenze affinché si possano affrontare gli ostacoli con più consapevolezza: entrare nel Terzo Paradigma di comprensione, allenare ad esso la propria mente. Come canta Battiato in *Personalità empirica:* «allenare la tua mente a nuovi stati di coscienza».

Per ciò che riguarda propriamente la divinazione, questo Arcano, legato al segno del Toro, indica una persona seria, rigorosa, saggia, legata all'occulto. Ha la chiave del problema o è lei stessa la chiave. Può indicare un'amica fidata, con la quale parlare in segreto. In ogni caso l'arcano ci parla di riuscita in ambito sociale o comunque posizione di prestigio, concretizzata magari attraverso l'incontro con una donna che risolverà il problema. Tutti buoni auspici dunque ma solo a patto di mantenere la riservatezza e continuare nella perseveranza nel proprio obiettivo, questo in fondo il monito della Papessa.

Infine va considerato che la Papessa è una carta legata alla fertilità e se uscisse vicino alla Luna può anche indicare una gravidanza in vista. Questo perché la Papessa va alla ricerca di cose proibite – il testo esoterico in mano – e quindi va anche alla ricerca di trasgressione e sessualità. In una parola è l'esatto opposto del Papa che come vedremo a breve incarna una figura legata a valori tradizionali, quello del Papa è un sapere istituzionalizzato, non esoterico e trasgressivo. La Papessa dunque è l'esatto opposto dell'ortodossia del Papa il quale a differenza sua non è per nulla fecondo, bensì proiettato su dimensioni metafisiche, che nulla o poco hanno a che fare con la carnalità, almeno sul piano simbolico.

Interessante infine un particolare che salta all'occhio osservando i Tarocchi di Jodorowsky[7], in essi infatti la Papessa è

---

[7] Philippe Camoin, l'ultimo discendente della famiglia Camoin, gli stampatori del tarocco di Marsiglia, contattò Jodorowsky nel 1993, e avvalendosi dell'archivio della famiglia Camoin, insieme restaurarono il Tarocco di Marsiglia tradizionale, che vide la luce nel 1997 grazie a una meticolosa sintesi di tutte le varie versioni precedenti di questo mazzo.

l'unica figura ad avere la pelle completamente bianca, mentre tutte le altre figure (femminili e non) quali ad esempio la Temperanza o la Giustizia, hanno un carnato rosa e vivo. Al loro confronto, la Papessa di Jodorowsky sembra uno spettro, un fantasma, questo per marcare ancora la sua natura profondamente esoterica e distinguerla nettamente dalle altre figure, a cominciare da quella subito dopo di lei, ossia l'Imperatrice, bionda, viva e avvenente.

Questo il sito di Camoin dovete potete ammirare il risultato finale del loro lavoro di restaurazione: https://it.camoin.com/tarot/-Tarocchi-Home-it-.html

3
IMPERATRICE

Attività, passione, comunicazione e riuscita sono le quattro caratteristiche principali di questa lama dalla portata del tutto benefica, anche quando sta vicino a carte negative. L'Imperatrice è il tre, che sintetizza l'uno, il Mago, sommato al due, la Papessa.

In quanto numero «dialettico», sintetizzante, conclude e definisce ciò che lo precede, cioè la Papessa, completandone la femminilità. Dona quella concretezza e quella praticità, lievemente assente nella noeticità misteriosa ed occulta della Papessa.

L'Imperatrice rappresenta la creazione intellettuale portata al suo termine, pronta per l'applicazione concreta. Mentre la Papessa può rimandare all'elaborazione di un progetto, ancora tutto tenuto in segreto, ancora tutto da costruire, l'Imperatrice rivela la messa in atto dell'Opera, è appunto il compimento dell'Opera.

Per altro è anche la carta degli scrittori, degli scienziati e di tutti coloro che della mente fanno la loro professione. È la fecondità intellettuale, la creazione pura, la potenza pronta a tramutarsi in atto.

Le stelle che le coronano il capo stanno proprio a simboleggiare questo vivo e perenne germogliare di idee, la Papessa invece, per lo meno in Waite, aveva una sfera sul capo, ossia una sola figura, compiuta e perfetta, a sottolineare il Sapere, ormai acquisito, ormai *coagulato*, a differenza delle idee dell'Imperatrice in continuo movimento, simbolo del divenire.

Se nella mano destra tiene uno scudo, in quella sinistra, tiene uno scettro che nei marsigliesi è sormontato da un globo che rappresenta la terra: l'Imperatrice ce l'ha in pugno, ha il potere assoluto sul mondo terrestre e materiale, quello della creazione. Ma anche della pro-creazione, in Wirth infatti all'estremità dello scettro cioè appunto un giglio, presso i greci e i romani simbolo supremo di amore e procreazione.

Se la Papessa leggeva il libro della conoscenza ed era intenta ad accrescere il suo bagaglio conoscitivo, l'Imperatrice ha già introiettato tutte le informazioni che voleva, informazioni certamente molto meno profonde di quelle della Papessa ma grazie alle quali lei ha il comando sulla sua realtà, ecco perché il suo volto è calmo e sereno, felice perfino[8].

Un interessante punto di contatto tra le due è la mezza luna, simbolo di femminilità e di intuitività, posta in prossimità del suo piede sinistro, simbologia presente nella Papessa di Waite e nell'Imperatrice di Wirth, particolare totalmente assente invece nei marsigliesi.

Per ciò che concerne la divinazione in sé, l'Imperatrice è una carta forte che influenza positivamente le carte vicine.

La creatività dell'Imperatrice rimanda a un'opera già progettata o cominciata addirittura, la quale ora finalmente ha tutte le possibilità concrete per realizzarsi. In quanto carta che racconta di un'operatività in atto, essa simboleggia anche la fine dei dubbi e dei ripensamenti riguardo un progetto il quale ora attira a sé persone, luoghi, idee e cose idonee a quell'energia di realizzazione.

L'Imperatrice è intelligente ma un'intelligenza raffinata, fatta di diplomazia, scaltrezza, tatto e sensibilità insieme.

─────────────

[8] Vedremo poi come questo processo di "comando sul mondo" si compia del tutto attraverso l'Imperatore, la carta successiva, la numero quattro, il numero della stabilità massima raggiunta.

Questa carta può anche rimandare al benessere psicofisico, all'amicizia sincera e a una relazione sentimentale che si va sviluppando positivamente; se il consultante è un uomo la carta può rivelare un incontro imminente con una donna affascinante e attraente, una donna mondana tuttavia, meno profonda della Papessa, a volte una donna vanitosa – in alcune raffigurazioni ha uno specchio in mano, di conseguenza può indicare una donna che cura molto il suo aspetto, che si trucca e che si fa bella perché vuole sentirsi bella, una donna infine incline alla sessualità, al copulare. Essa stessa rappresenta con le sue ali una sorta di *copula mundi*, una correlazione tra il fisico e lo spirituale, tuttavia essendo l'utero la sua porta trascendente, se la consultante è una donna la carta può anche indicare (come nel caso della Papessa) una maternità in vista.

Per ciò che riguarda il lavoro, il successo materiale ed economico, con questo arcano esso è alle porte, quale conseguenza di un'intelligenza operosa e concreta che viene vista, riconosciuta e premiata.

In conclusione, l'Imperatrice rimanda sostanzialmente a una figura femminile molto forte, una donna di potere insomma, passionale e a volte dominatrice perfino tuttavia estremamente intelligente e attraente. Può rappresentare la donna amata, la sorella, la figlia, un'amica, in ogni caso però non una donna vecchia, l'età della figura femminile evocata dall'Imperatrice è più o meno collocabile tra i diciotto e i trentacinque anni.

Per ciò che riguarda la carta rovesciata, l'Imperatrice fa parte di quel gruppo di lame che anche se capovolte non perdono del tutto la loro positività congenita[9]. La negatività del rovescio è tutta concentrata sul tempo, sulla lentezza della realizzazione di un progetto che può tardare a realizzarsi.

La carta rovesciata è come se facesse un passo indietro e rimanda alla Papessa, all'aspetto teorico, alla lettura del libro più che alla sua attuazione, e dunque può voler significare ritorno di dubbi e incertezze, perdersi nell'astratto, mancanza di concretizzazione, a volte una certa infantilità o mancanza di coraggio.

---

[9] Sebbene molto diffusa, e per questo ne ho fornito un approfondimento, devo ammettere che non favorisco la lettura delle carte al rovescio (per tale motivo questo è il primo e l'ultimo riferimento in proposito) ma questo è solo un mio personale approccio. I Tarocchi non presuppongono né tantomeno impongono un metodo di lettura univoco e universale, sta alla sensibilità del mago crearne uno a lui affine.

Per quanto riguarda il tempo, in conclusione, l'Imperatrice è una carta mediamente veloce, di solito i suoi effetti si vedono nel giro di qualche settimana e si estendono ad un arco di tempo che arriva più o meno ai tre mesi. È collegata alla stagione della primavera.

4
IMPERATORE

Realizzazione ottenuta, potere esecutivo e potere materiale sono tre caratteristiche che ben inquadrano la lama in questione, un al lama che rimanda spesso ad un uomo nella sua piena maturità (la barba e baffi stanno a confermarlo). Il numero quattro inoltre rappresenta la stabilità, la concretezza, l'unione di orizzontale e verticale (la croce). quattro sono gli elementi e quattro i punti cardinali ed è proprio questa cifra a donare ancora universalità a questa carta che rimanda anche al ciclo del nascere, crescere, maturare, morire. È infatti proprio un uomo pronto alla morte quello che siede in questo trono: ha raggiunto quanto doveva.

La corona e lo scettro (o forse una bacchetta magica) rimandano ad un successo che non dovrà venire ma che invece è già presente e straripante perfino e che difficilmente potrà dunque affievolirsi. Va da sé che l'Imperatore indichi stabilità e raggiungimento di importanti traguardi.

L'Imperatore rimane fermo sul suo trono, ciò attesta la sua inequivocabile sicurezza.

In conclusione, l'Imperatore rappresenta la stabilità terrestre nonché la sicurezza necessaria per lanciarsi in nuove esperienze. Esso infatti ha a che fare con tutto ciò che è solido, pratico, che è destinato a durare grazie a una volontà costruttiva e duratura non legata all'impulsività del momento: l'Imperatore non ci parla di desideri o idee fuori dalla nostra portata, al contrario ci indirizza e ci incanala nel sentiero a noi più appropriato.

Esso richiama inoltre principi di onore e di lealtà, di giustizia, di rigore e di legalità.

Simboleggiando doti di comando e indipendenza, esso può spesso rappresentare la figura del padre o di una figura paterna, un mentore, un insegnante, un Maestro o, per una donna un compagno stabile e protettivo.

L'Imperatore indica inoltre stabilità economica, esso ci esorta a diventare padroni della nostra esistenza materiale. Ci invita a costruire il nostro destino in quanto finalmente se ne ha il potere, ci invita a guardare la nostra vita da una prospettiva in cui siamo noi i protagonisti, noi i *creatori*, i demiurghi incontrastati e assoluti. L'Imperatore è inoltre il corrispettivo maschile dell'Imperatrice, dunque è un uomo forte, bello, giovane, aitante, in una parola è l'opposto del Papa.

Va notato che sebbene questa carta raffiguri una personalità importante ed estremamente autorevole, un imperatore appunto, nella prospettiva del viaggio iniziatico degli Arcani Maggiori, siamo ancora all'inizio del percorso, siamo solo un po' più avanti del Mago, cioè del principio vero e proprio. Anche per questo motivo dunque, in sede di lettura, questa lama può rimandare ad una persona giovane, esuberante e mondana, seppur tuttavia stabile e con una sua certa autorità intrinseca.

In un rapporto di coppia, questa lama può indicare un antagonista, col Diavolo e la Luna vicino ad esempio può indicare un traditore addirittura.

5
PAPA

Responsabilità, protezione, trascendenza sono le tre principali peculiarità che definiscono questa lama.

Va detto subito che il Papa si differenzia nettamente dall'Imperatore in quanto sebbene entrambi autorevoli, il potere del primo è di natura spirituale e in quanto tale è nettamente superiore a quello del secondo, circoscritto appunto esclusivamente al piano terreno.

Il Pontefice è appunto un ponte fra cielo e terra e di fatto rappresenta e incarna il divino in terra, ciò ne innalza la sua vibrazione sintonizzandola al piano metafisico. Il Papa è allineato alle leggi cosmiche e il suo potere, a differenza di quello dell'arcano precedente, si espleta in maniera integrale, dalla materia allo spirito.

La spiritualità del Papa tuttavia non implica castità, sul piano divinatorio infatti quest'arcano può anche rimandare all'unione tra un uomo e una donna, il cinque infatti era per i pitagorici il numero dell'unione, il numero nuziale appunto, ecco che una figura come quella del Papa può addirittura rimandare a concetti quali fecondità e fertilità (inutile dire che la specifica circostanza va letta considerando ovviamente le carte vicine). In generale tuttavia, questa lama indica la strada da seguire, il senso della vita, l'ispirazione, i misteri svelati, le forze superiori che ci aiutano, la saggezza. Può rimandare infine, anche a contatti vantaggiosi con l'ambiente giovanile, dato che sono proprio due giovani che troviamo ai suoi piedi.

In quanto platealmente legato all'aspetto metafisico dell'esistente e alla trascendenza in sé, questo arcano concerne tutto ciò che ha a che fare con religione, misteri, esoterismo e sacro in generale.

Il Papa indica la diretta conseguenza della funzione dell'Imperatore il cui operato e la cui volontà ci ha condotto ad una dimensione che si è superata.

Il ponte tra umano e divino che pienamente incarna questo arcano non è anche un ponte tra la parte più materiale di noi stessi e quella più raffinata, più sensibile, atta a cogliere verità superiori; il Papa rappresenta un invito a riflettere, a guardarci dentro, a percorrere questi antipodi, che forse sono proprio lì di fronte a noi, rappresentati dalle due figure ai suoi piedi. Questi ultimi infatti vengono dal Pontefice benedetti, dunque riconosciuti e

39

sacralizzati come è sacro tutto ciò che ci permette di realizzare il percorso che dalla materialità ci conduce al metafisico, ossia all'autosuperamento, all'ingresso nel Mondo del tutto ciò che è.

Questa azione, come ogni rito di iniziazione, è sospesa nel tempo. L'atto del Papa sembra statico, sembra appartenere ad una dimensione altra, quella che risiede appunto al di là degli antipodi, in un'onnicomprensività fondante e valorizzante.

Il Papa è il ponte tra noi e il nostro Sé superiore.

Infine va notato che col Papa si chiude anche un piccolo ciclo, fino ad ora infatti abbiamo visto solo raffigurazioni di persone e tutte vestite per di più, da questo momento in poi cominceremo a vedere anche figure nude o semi nude, nonché cose di vario genere accanto ad esse: carri, torri, ruote e soprattutto animali, leoni, scimmie, uccelli, leoni, cani, granchi… Infine due pianeti: il sole e la luna.

Un'ultima considerazione riguardo alla lettura: il Papa, come ovvio, incarna anche l'archetipo del padre ma il Papa con il Diavolo però incarna il nemico, il nemico per eccellenza, un papa nero appunto, una persona malvagia. L'Arcano del Diavolo stravolge in negativo questa figura così paterna, stabile e rassicurante.

È necessario dunque fare attenzione nelle stese dunque in caso uscisse questa accoppiata.

Il Papa inoltre incarna la figura del mediatore, del protettore influente ed autorevole in grado di ristabilire gli equilibri di una situazione in precedenza compromessa. Egli possiede l'autorità per riequilibrarne i criteri, dall'alto della sua infallibile abilità diplomatica.

E questa sua azione riconciliatrice può, in sede di lettura, riguardare disguidi legati ai giovani e al mondo giovanile visti appunto i due giovani che pendono dalle sue labbra, inginocchiati davanti al suo trono.

Può dunque rappresentare la figura di un avvocato o semplicemente di una personalità autorevole in grado di risistemare una circostanza problematica nella quale dei giovani sono negativamente coinvolti.

Infine, il Papa può anche essere una figura esasperatamente moralista, bigotta perfino, il senso del sacro che pervade questo arcano può facilmente trasformarsi nel più becero dogmatismo religioso, nel fanatismo e nella chiusura mentale. Come ogni arcano infatti,

viene tirato per i suoi estremi dalle carte
vicine che ne estremizzano gli antipodi.

6
AMANTI

L'arcano degli Amanti rimanda al concetto di scelta, crescita e di maturità, questa carta infatti ci racconta del processo che porta all'età della ragione, al cui stadio ci si arriva paradossalmente proprio attraverso l'amore.

Questa lama indica il percorso che ci fa uscire dal nido familiare, rappresentato anche dalle altre quattro carte precedenti in fila le quali, come già precedentemente accennato, possono anche essere inquadrate secondo questo schema: Papessa-famiglia, Imperatrice-educazione, Imperatore-tradizione, Papa-scuola.

La lama degli Amanti suggerisce che l'uomo va incontro a una fase di profondo cambiamento proprio quando incontra l'amore, *un cambiamento che lo matura*, che lo sposta da un asse prettamente adolescenziale e spensierato e lo proietta in una dimensione di stabilità, responsabilità e fiducia.

L'amore implica necessariamente scelte e cambi radicali che possono concernere l'effettivo e definitivo abbandono della casa materna e il conseguente trasferimento in una diversa dimora in vista della creazione di una nuova famiglia: lo sconvolgimento è totale e investe tutte le sfere del singolo, da quella economico-sociale a quella affettiva-emozionale.

Per tale motivo questa carta è quella della scelta e delle scelte, non solo concernenti il campo delle relazioni di coppia.

Laura Tuan ne *Il linguaggio segreto dei Tarocchi* asserisce che dietro questo arcano «si cela l'iniziato che ha concluso il periodo di apprendistato ed è pronto a entrare nel gruppo come pari; a patto che superi l'esame finale»[10]. L'esame finale è in realtà «una decisione importante dal cui esito può dipendere tutta la sua esistenza futura o, almeno, un settore molto significativo di essa»[11].

La scelta dunque può anche non contemplare il campo amoroso. La lettura dell'Arcano va effettuata considerando attentamente le carte vicine, dalle quali non può proprio prescindere, sono esse infatti ad indicare di quale scelta stiamo parlando e in quale prospettiva essa va considerata.

---

[10] L. TUAN, *Il linguaggio segreto dei Tarocchi*, De Vecchi Milano 2009, p. 34.
[11] *Ibidem.*

Nei Tarocchi di Marsiglia è raffigurato un uomo di fronte a due donne, una più giovane e piacente, l'altra meno attraente e di età più avanzata, a quest'ultima il ragazzo guarda, pur non avendo ancora scelto, pur rimanendo in balia delle due. La simbologia è al quanto evidente: siamo tra il vizio e la virtù, tra il materiale e lo spirituale.

Secondo una lettura mitologica, questo arcano rappresenta il giovane Ercole che, ultimato il processo educativo presso il centauro Chirone, si trova di fronte a una scelta assai impegnativa: seguire il rigore dell'austera signora che sembra promettergli una realizzazione del tutto morale o abbandonarsi al piacere chiaramente promesso della giovane ragazza dalla bionda chioma infiorata e dallo sguardo più voluttuoso?

Non solo negli sguardi risiede la marcata differenza tra le due donne, ma anche negli abiti e nella particolare azione, rituale, che compiono: la prima lo tocca in una spalla e la seconda gli pone una mano aperta proprio sul cuore. Inutile soffermarsi su come in questo caso le spalle simboleggino la stabilità, la razionalità, la fermezza e il rigore – da cui anche il noto proverbio «un uomo con la testa sulle spalle» – mentre il cuore l'esatto opposto.

In Waite però la raffigurazione è totalmente diversa, qui abbiamo infatti una sorta di divinità alata[12] che esce fuori da una nuvola materializzatasi in cielo che sovraintende a un rito che vede inclusi un uomo e una donna, entrambi nudi. Dietro la donna, l'albero della Conoscenza del bene e del male, con il serpente arrotolato, mentre dietro all'uomo l'albero della vita con dodici frutti. Tra loro una montagna, sopra la quale la nuvola da cui esce l'angelo.

Waite inserisce gli innamorati in una dimensione paradisiaca e ciò avvalora il loro stato di purezza, rappresentato anche dalla nudità con la quale si presentano.

Tale collocazione da un lato enfatizza il valore dei due esseri in questione e dall'altro ingigantisce ancora di più la scelta che in Waite diventa addirittura ancestrale, primordiale, cosmica: non siamo più tra l'amore sacro e quello profano ma addirittura tra il bene e il male.

Waite fa un enorme passo indietro andando ad inerire agli a priori ontologici degli

---

[12] Alcuni tarologi vedono in essa l'arcangelo Raffaele ma tale lettura rimanderebbe direttamente al Cattolicesimo dunque tenderei ad escluderla in quanto l'impostazione di Waite non era proclive ad una simile simbologia.

antipodi ricollocandoli nella loro dimensione archetipica - ciò basti a sottolineare quanto gravosa sia la scelta di cui parla questo importantissimo arcano.

In sede di lettura, se accanto a carte quali Torre, Giudizio o Morte la scelta additata dagli Amanti diventa ancora più sofferta, ancora più cruciale e determinante in quanto le tre lame in questione accrescono appunto la portata simbolica della lama che va quindi ad accentuarsi notevolmente.

7
CARRO

È un giovane guerriero a guidare il carro, con un'armatura, uno scettro e una corona. Lo stesso carro è un carro cosmico: le stelle in cima stanno ad attestarlo.

A guidare il carro due sfingi (come anche nei Tarocchi di Wirth), immobili, una bianca e una nera, che ricordano i cavalli della biga alata di Platone. Esse non hanno briglie, il giovane guerriero non ha bisogno di legarle e guidarle come ad indicare che esse stesse già conoscono il cammino. È di notevole importanza questo aspetto, rimarcato da Waite con l'autorevolezza delle sfingi che rimandando alla sapienza magica egizia, attestando così l'esotericità del mezzo e del percorso.

Il giovane inoltre non è più un fanciullo, è un guerriero (spirituale), è divenuto consapevole, è uscito di «casa»[13], ha già raggiunto una sua

---

[13] Intendendo per «casa» le convinzioni e i pensieri più semplicistici su se stesso e il mondo intorno a sé, è uscito cioè da una dimensione adolescenziale della conoscenza, entrando di gran carriera in una più

posizione sociale, ha già trovato l'amore (gli Amanti), in una parola: si è realizzato, ha vinto. Del «successo» amoroso parla anche quel quadrato bianco di luce nella posizione del cuore, un quadrato appunto, una figura stabile e perfetta[14], compiuta e pregna di luce.

Inoltre ne potrebbe anche parlare quel misterioso simbolo raffigurato nello stemma alato: molto probabilmente un *lingam* della tradizione induista, che rimanda alla penetrazione del fallo nella vagina e della sacralità perfetta e compiuta che quest'atto comporta e simboleggia, anche e soprattutto in termini metafisici[15] (non va scordato che il *lingam* è una forma di Shiva e in quanto tale rappresenta l'Assoluto).

Con la carta numero Sette, numero magico per eccellenza, si conclude il viaggio di una personalità, che, attraverso le lame precedenti, è nata e si è sviluppata: ha compiuto cioè il suo cammino, il suo viaggio. Ecco perché il giovane guida un carro, un carro regale tra l'altro, le quattro colonne e la forma quadrata,

---

marcatamente consapevole. Il modo in cui egli vi entra è totalmente trionfale, bello, fragoroso, vincente, stabile e forte.

[14] Che rimanda al carro stesso, alla sua stabilità.

[15] A tale proposito si veda P. VERNI, *Il culto del lingam*, Sucargo, Milano 1976.

simbolizzano maestosità e concretezza: un tempio più che un semplice carro.

Il giovane inoltre, secondo Waite, impugna quella che ha l'aria di sembrare una bacchetta magica, ulteriore sigillo al suo potere psichico, rimarcato anche dalla grande stella che svetta in prossimità della sua fronte a denotare una considerevole apertura mentale, quasi un'illuminazione.

In altre raffigurazioni, pensiamo ai Tarocchi Visconti-Sforza e Carlo IV, al posto delle sfingi abbiamo cavalli, i quali sono in movimento e ciò può indicare la disponibilità verso differenti percorsi, la piena maturità raggiunta e la consapevolezza dei propri meriti.

Progresso dunque, realizzazione, successo, viaggio sia materiale che ideale, una realtà proiettata in avanti, alla conquista del futuro. Il carro conclude un percorso: il primo settenario degli Arcani Maggiori. Il Sette infatti è il numero del compimento. Spesso l'arcano può indicare uno spostamento fisico, un viaggio, mentre se è vicino a una figura può alludere a un bisogno di indipendenza. In ogni modo, le interpretazioni, come in tutte le altre lame, sono diverse e molteplici, anche a seconda delle carte vicine, importanti dunque saranno anche gli accoppiamenti.

Secondo settenario

8.
GIUSTIZIA

La donna raffigurata in questo arcano come si evince chiaramente dal nome, semplicemente giudica. Con la spada divide il bene dal male e con la bilancia lo soppesa.

Siamo al ritorno dal viaggio... La Giustizia[16] è, per certi versi, l'opposto del carro: è il centro della vita di un uomo, il picco è ormai raggiunto, il destino si è configurato e inizia una fase discendente, non più di scoperta ma di riflessione: è l'autunno della vita. Questa carta infatti oltre a corrispondere al segno della Bilancia, rimanda anche allo stesso equinozio d'autunno.

È l'opposto dell'irrazionalità adolescenziale, è l'equilibrio raggiunto.

Dopo il settimo giorno, quello della contemplazione, arriva l'ottavo, che annuncia l'inizio di un'Era Futura.

---

[16] Waite ha scambiato il numero di questa lama, l'8, con quello della Forza, l'11. In ogni modo nella maggior parte delle rappresentazioni la Giustizia è il numero 8, per tale motivo si ritiene di leggerla attraverso questo numero così importante in esoterismo.

È dunque la carta della maturazione, la bilancia stabilisce e fissa l'equilibrio sia psichico che cosmico, tra il bene e il male. Congiunge gli opposti donando armonia interiore, dopo aver soppesato i pro e i contro. L'otto è infatti il numero dell'infinito, dell'eternità, garantita dall'equilibrio dei contrari – basti pensare all'Ottuplice sentiero del Buddismo, la retta Via da percorrere. È la lama del bene e del male, o ancora meglio, «al di là del bene e del male», è la lama del karma: si raccoglie ciò che si è seminato, di buono o di cattivo. Il risultato che ci attende è senz'altro quello giusto in quanto l'arcano è garante di una giustizia divina più che umana.

Ciò che si allinea a questa carta è la consapevolezza di aver agito per il meglio, di aver fatto tutto il possibile per l'obiettivo, e di averlo fatto nella maniera più retta. Alla lama è dunque anche associato un certo senso di pace, di armonia con sé stessi, o in parole povere di «coscienza a posto»: se tutto è stato fatto nel migliore dei modi, il risultato è positivo.

In divinazione questo arcano, può suggerire anche di agire allineandosi alle circostanze familiari, sociali e culturali, è una carta che indica sobrietà, una persona tra i 30 e i 50 anni, aliena da passioni o slanci irrazionali.

Con questa lama viene suggerito di assestare la propria vita, di trovare un assetto più equilibrato, rispettando gli obblighi e le restrizioni imposte dall'esterno. È una carta di responsabilità e di organizzazione, come già accennato allineata infatti al segno della Bilancia; in conclusione: se si seguono le regole si è nel giusto sicuramente.

Può indicare il modo oggettivo in cui verremo valutati, a seconda dei nostri meriti, senza niente di regalato: sta al nostro impegno, al nostro rigore, alla nostra responsabilità, arrivare al successo[17].

In ultimo, un ulteriore tratto che ne delinea ancora la sostanziale imparzialità è il lieve aspetto androgino della figura rappresentata. È questo un aspetto davvero importante ai fini della lettura simbolica dell'arcano: non verremo giudicati da un uomo (il padre, Dio, un sacerdote) o da una donna (la madre, la sorella, la natura) ma da un'entità, dalla Giustizia in sé appunto: la spada che impugna, taglia il mondo in due, da un lato ciò che abbiamo seminato, dall'altro ciò che

---

[17] Il quale può essere o materiale o spirituale a seconda delle circostanze specifiche del consultante.

abbiamo raccolto. L'evidenza dei due spaccati della nostra esistenza è eloquente di per sé e non necessita un giudice ulteriore, è di per sé giustizia[18].

Nei Tarocchi Visconti-Sforza alle spalle della donna vi è un guerriero che sfreccia a cavallo, con tanto di spada e armatura a significare la spietatezza del giudizio, un giudizio che arriva prorompente, secco e deciso, violento perfino, come violenta e inimmaginabile è a volte è la stessa verità.

---

[18] Il tema del giudizio, come vedremo poi nell'omonima lama, è molto importante in esoterismo e si differenzia nettamente dagli approcci religiosi dei principali monoteismi in cui esso è affidato totalmente a Dio. Molte tradizioni esoteriche riferiscono di un auto giudizio o meglio di un'autoevidenza della giustezza stessa, dei nostri atti e del nostro percorso che al momento del trapasso si presenterà da sé incanalandoci in quella che sarà la dimensione a noi più consona da un punto di vista prettamente vibrazionale. Ne parla ampiamente anche Swedenborg nei suoi numerosi e dettagliati resoconti di viaggi ultraterreni.

9.
EREMITA

Se con la Giustizia il viaggio si concludeva, con l'Eremita scompare proprio, per certi versi questa lama completa e definisce l'autunno della Giustizia. Il viaggio è finito, ora si tratta di meditarci sopra, il mondo degli uomini è stato abbandonato definitivamente mentre quello della solitudine si è appena spalancato.

Il viaggio che si continua è puramente interiore, la lunga barba e i capelli bianchi non permettono che quello. Il suolo dove appunto cammina l'Eremita inoltre è composto da onde, è un mare appunto: il mare dell'inconscio[19].

Questa è una carta iniziatica, l'Eremita cammina in solitudine con le proprie forze, cammina nell'oscurità, ciò significa che non lo ferma niente e nessuno, il bisogno di cercare la verità è superiore ad ogni altra necessità.

---

[19] È ampiamente risaputo infatti di come il mare simboleggi l'inconscio: «Il mare così come ogni grande specchio d'acqua, è simbolo dell'inconscio collettivo».
J. RAFF, *Jung e l'immaginario alchemico*, tr. it. di A. Lamberti-Bocconi, Mediterranee, Roma 2008, p.111.

Nove: tre volte tre, cioè la perfezione elevata a potenza. Il nove è un numero fondamentale, rappresenta la verifica, la verità - da cui la famosa prova del nove. Dopo la verifica dunque, ha inizio un nuovo ciclo, si chiude un percorso e ne inizia un altro. Nove mesi è il tempo della gestazione di un essere umano. È un periodo lungo ma alla fine porta ad un grande risultato che coincide con l'inizio di un nuovo percorso, un cambiamento radicale.

L'Eremita è una carta lenta, l'elemento tempo è fondamentale, d'altronde la ricerca della verità ne ha bisogno in grande quantità. La temporalità è connessa (positivamente) all'Eremita.

E quindi: attesa, prudenza, discrezione, serietà, riflessione, studio, approfondimento, necessità di fermarsi e riflettere. In generale: non prendere decisioni affrettate, ma considerare ogni minimo dettaglio.

La lampada non indica luce, quanto *bisogno* di luce, quella interiore ovviamente.

Va notato che l'Eremita infatti è solitario, non è solo... La sua è un'immersione volontaria nel silenzio, nel quale si trova profondamente a proprio agio, non ha bisogno dell'altro ma da esso, proprio da esso, fugge.

A proposito della lampada è interessante notare come in alcune raffigurazioni egli ne copra una parte col mantello, quasi a voler nascondere tutta la luce ai passanti, ossia tutta la conoscenza illuminata ai non iniziati (elemento questo assente in Waite in cui la luce è totalmente libera di risplendere in ogni direzione intorno a sé).

Chi non è preparato, può rimanere accecato di fronte a troppa luce, basti ricordare il *Mito della Caverna* di Platone: solo il filosofo ne sopporta la potenza, tutti gli altri rimangono giù nell'ombra, non credendo nemmeno all'esistenza di quella luce, poiché non la vedono appunto. Ma non la vedono perché non vanno a vederla, non vanno a cercarla, non escono dalla caverna considerandola la sola e vera realtà scambiando per pazzo il filosofo che invece racconta di aver visto *la luce* e un reale diverso al di fuori della grotta.

L'Eremita rimanda inoltre alla modestia, al socratico "sapere di non sapere": sa benissimo infatti, che seppur edotto di importanti segreti, ciò che sa di sapere è un niente assoluto in confronto a ciò che sa di non sapere, cioè la strada che ha di fronte e che cerca di illuminare attraverso le sue conoscenze.

Purtuttavia ciò che sa di non sapere è un nulla ancora più grande rispetto a ciò che non sa di non sapere. Questa lama incarna la dote principale del saggio: l'insaziabilità. Più sa, più sa di non sapere, più sa di non sapere, più necessita di sapere.

L'elemento associato al sapere e alla conoscenza può essere simboleggiato anche dal serpente posto ai piedi del bastone nei Tarocchi di Wirth, forse è proprio questo il significato recondito di questo particolare che allude esplicitamente all'albero della conoscenza e all'atto di coraggio estremo e di sfida che l'uomo deve compiere per impadronirsi della verità, andando perfino contro il volere di un Dio che preferiva nascondergliela.

10.
FORTUNA

Con l'Arcano numero dieci torniamo nel mondo e nelle sue vicende mutevoli: la Ruota[20] rappresenta la ciclicità, il rinascere, il rinnovarsi, il divenire, la reincarnazione perfino.

Il cerchio racchiude tutto, sia il bene che il male, commesso nella (e connesso alla) vita - a conferma di ciò, Waite raffigura un serpente a lato e un demone accanto alla parte inferiore della ruota che sembra addirittura sostenere.

In ogni modo, nella parte superiore abbiamo di nuovo la sfinge, già vista nel Carro, con una sorta di scettro o spada magica con sé, a simboleggiare il potere tutto metafisico col quale essa governa la ruota. Citando Laura Tuan: «l'Uno (Dio), si riflette quindi nel molteplice, il mondo terreno, l'individuo, ma questo, a sua volta, fa ritorno al divino, attraverso l'esperienza evolutiva del karman e della reincarnazione, simboleggiata appunto dalla ruota»[21].

---

[20] La lama è chiamata *Fortuna* o *Ruota della fortuna*.

[21] L. TUAN, *Il linguaggio segreto dei Tarocchi*, De Vecchi, Milano 2009, p. 69.

Il dieci è un numero sacro, ecco perché sferico: è la *tetrakis* pitagorica, il triangolo su quattro basi. Un punto: l'Uno. Due punti: ying e yang, bene e male, maschio e femmina. Tre punti: materia, intelletto, spirito. Quattro punti alla base: i quattro elementi, le quattro stagioni, i quattro punti cardinali. Ecco che nel dieci, nella sfera, c'è racchiuso tutto l'Universo creato e in divenire.

I quattro punti cardinali sono governati da alati esseri magici, a volte umanoidi a volte animali, intenti nello studio di testi presumibilmente esoterici inerenti al senso della compiutezza, della perfezione e della giustezza del viaggio, del significato dell'andare, della Via.

La ciclicità, rimandando palesemente alla concezione del tempo orientale ed escludendo implicitamente quella cristiana e lineare, racconta di un percorso che proprio nel senso del divenire trova la sua componente sostanziale.

Gli esseri magici intenti nello studio (l'azione è clamorosamente palese), sono tutti e quattro situati all'interno di una nuvola, tale elemento rafforza ancora di più la loro chiara provenienza metafisica: essi sono esseri che la fortuna non la subiscono ma la governano.

Ampiamente al di là del mondo umano, questi esseri alati sono pregni di sapienza metafisica, quella che racchiude e incornicia questo arcano, sigillandolo alle sue quattro estremità.

Dal punto di vista del significato, la lama può evocare lo sblocco di situazioni stagnanti, offrendo occasioni di cambiamento (se è vero che ciò che oggi è bene, domani può diventare male, è vero anche il contrario).

La sua energia rinnovatrice è paragonabile all'arcano numero uno ma con in più tutto l'apporto dell'esperienza vissuta dal due al dieci.

Essendo una carta dinamica, può anche favorire uno spostamento.

Se vicina a carte negative, la fortuna può tramutarsi in rischio.

Indica in sostanza un destino propizio ma da sfruttare al volo poiché tutto cambia, tutto diviene, *panta rei*.

Completamente differenti sono le raffigurazioni dei Visconti-Sforza e di Wirth. Nei primi abbiamo una donna bendata all'interno del cerchio ai cui lati si aggrappano due bambini, quello di sinistra che ripercorre il cerchio all'insù e l'altro, quello di destra che lo ripercorre all'ingiù. Il cerchio è retto da un vecchio barbuto vestito di bianco che sembra palesare notevole somiglianza con l'Eremita.

La donna bendata ha una veste che appare regale, sembra essere una regina tuttavia bendata, la dea bendata appunto: la fortuna.

I bambini incarnano gli opposti che si ricongiungono nella creazione dell'evento favorevole mentre il vecchio, la base, è l'insieme delle esperienze vissute e maturate necessarie a far accadere l'evento.

In Wirth, al posto dei due bambini, abbiamo un demone e una figura con la testa di cane che sembra richiamare lontanamente il Dio egizio Anubi.

La Dea fortuna è invece una sfinge alata, che presiede al rito in alto, sopra la ruota mentre impugna con la destra una spada. La visione della Ruota della Fortuna di Wirth è molto meno innocente rispetto a quella dei Visconti-Sforza, in Wirth inoltre alla base della ruota abbiamo due serpenti che si arrotolano su loro stessi, di colore diverso.

L'immagine globale evoca in Wirth una fortuna acquisita tramite poteri occulti, poteri che però sembrano avulsi da un sapere di carattere nobile e iniziatico come nei Tarocchi Rider-Waite.

In ultimo, una considerazione riguardo alla palese analogia col Mondo sul piano della simbologia: anche lì infatti abbiamo animali[22] o esseri alati che incorniciano alle quattro estremità un cerchio, qui però di forma ovale, anche lì abbiamo la figura principale, qui prettamente umanoide, che tiene in mano uno scettro o una bacchetta magica, qui addirittura abbiamo ben due scettri... e ne deduce dunque che la Fortuna può essere considerata un Mondo in piccolo, non solo sul piano simbolico ma anche su quello divinatorio. La Fortuna rappresenta il primo vero traguardo del viaggio e va a riequilibrare le cose e le situazioni della nostra vita, soprattutto in relazione all'economia e al lavoro.

---

[22] Va detto che le carte che raffigurano animali ci indicano appunto persone con animali veri e propri, un dettaglio da tenere a mente dunque anche sul piano prettamente divinatorio.

11.
FORZA

Davvero importante ed affascinante la simbologia di questo arcano nel quale una misteriosa donna doma un leone, non lo uccide ma lo doma pur non sforzandosi affatto: coraggio ed energia sovraumana.

Non è un caso che il cappello che orna il suo capo ha la forma dell'otto, cioè dell'infinito, quasi ad indicare che la sua forza risiede nella mente, una forza illimitata.

Il suo sguardo è inoltre rilassato, in lei non c'è né ansia, né paura, né sforzo, c'è solo consapevolezza dell'incredibile risultato: domare un leone. Cioè domare gli eventi della vita, anche quelli più spinosi.

È interessante come la Forza nei Tarocchi, non venga rappresentata con scontate immagini di giganti muscolosi o esseri affini, bensì con la dolcezza e la calma di questo indecifrabile personaggio femminile.

È proprio la donna, da sempre simbolo di sensibilità e delicatezza, colei incaricata di domare una belva, simbolo invece di forza bruta senza freni. In Wirth, ella ha addirittura gli occhi chiusi. Ma è proprio la dolcezza a colpire, la delicatezza della postura della donna per niente sforzata e affaticata, quanto invece elegante e leggiadra nell'atto del domare

Il messaggio racchiuso in questo simbolo potrebbe alludere ai precetti dell'alchimia stessa: non conviene reprimere l'animale che è in noi bensì sublimarlo, trasmutarne l'energia e capovolgerla: da inferiore a superiore.

È questo l'unico modo, il più intelligente, per non far prendere all'animale il sopravvento su di noi ma fare in modo che noi possiamo invece domarlo e fare di esso un nostro potentissimo *alleato* – non è un caso che gli sciamani parlino proprio dell'animale come "alleato", cioè come personale compagno di viaggio, dispensatore di preziosi aiuti, nel cammino della Via Iniziatica.

L'alchimista dunque, da astuto saggio qual è, non distrugge la materia grezza ma la sfrutta a suo vantaggio, la purifica, la trasforma in oro. Il suo è un atto creativo e divino, divino perché si accorda alle leggi cosmiche del divenire. Egli non uccide ma aiuta, favorisce lo sviluppo, l'evoluzione, la prosperità delle cose, incanalandole nel giusto cammino, nella retta Via, dal buio alla luce, dal piombo all'oro.

La rabbia simboleggiata dall'animale, non va aggredita con altra rabbia, quella rabbia simboleggiata dalla belva è la rabbia che abbiamo dentro di noi: solo se riusciamo a sublimarla, il leone da feroce diventa calmo, sereno, appagato come appagato e soddisfatto è un re nel suo trono. La foresta che regna, ossia la foresta del nostro mondo, interiore ed esteriore, è ora fatta di sudditi tanto fedeli quanto imbattibili, pronti a sconfiggere chiunque osi scalfire quella calma raggiunta. L'arcano indica quindi, inequivocabilmente, padronanza dei propri mezzi, sicurezza interiore, obiettivo in pugno, tra le mani proprio, come si vede in figura.

Il leone infine, sul piano divinatorio, può anche rappresentare un uomo, la carta dunque ci parla di una donna che riesce a sottomettere un uomo violento, ma riesce a farlo non con violenza a sua volta ma con astuzia, con strategia pianificata, con estrema sicurezza nei suoi mezzi, la calma – che traspare dalla simbologia della donna raffigurata – è appunto la virtù dei forti[23]..

---

[23] A tale proposito, va notato che nei Tarocchi Visconti-Sforza la belva presenta appunto un volto dai tratti palesemente umanoidi.
Interessante inoltre la raffigurazione della donna che qui tiene in mano un bastone col quale è pronta a

Da notare infine che nei Tarocchi di Bosch, il leone è diventato un pesce, qui la forza doma dunque l'inconscio, come è noto simboleggiato dal mare e dall'acqua in generale. La donna qui, la consultante o chi per lui, domina in questa situazione problemi legati alla sfera interiore, emozioni, pensieri o sentimenti; la forza qui non è fisica ma metafisica, è forza dell'anima.

Qualsiasi sia il mazzo che usiate, dovrete leggere quello, se usate quello di Bosch, avrete un pesce invece che un leone e quindi un problema interiore più che esteriore.

La lettura inoltre, oltre che considerare la raffigurazione specifica che avete davanti, Bosch, Waite o Marsiglia, deve sempre e comunque affidarsi anche alla vostra intuizione, al vostro mondo interiore che entra in risonanza con quell'arcano in quello specifico momento, con quel dettaglio di quell'arcano – e non un altro – in quello specifico momento.

Sapere unire nella lettura, la propria intuizione e la propria creatività alle conoscenze simboliche e relative ai significati

---

colpire la belva che comunque è già per terra composta e sottomessa.

qui esposti, vi permetterà di effettuare dei consulti sempre più raffinati, dettagliati e approfonditi.

L'indagine interiore è infatti un atto creativo, come afferma Jodorowsky, «l'inconscio è artistico» e vanno dunque usati metodi artistici per parlare la sua lingua.

Lo stesso Jodorowsky durante una lettura rivela un particolare davvero inusuale.

Il consultante gli fa una domanda riguardo alla sua compagna e Jodorowsky butta giù una carta soltanto, esce la Stella. L'attenzione del celebre regista si sofferma sulla gamba sinistra della ragazza raffigurata che ha una strana conformazione, l'intuito di Jodorowsky fa il resto: "la tua compagna ha un problema a una gamba, zoppica", ed infatti era vero[24].

---

[24] L'episodio è riportato dallo stesso Jodorowsky stesso in un video di questa pagina Yutube a lui dedicata: https://www.youtube.com/channel/UCwxm2X7h7qu MrF3Lf0kCYSA

12.
APPESO

Sicuramente questa è una delle carte più emblematiche. L'Appeso non condivide il mondo, lo vive alla rovescia, ma il mondo questo non lo permette, per questo egli è in una posizione scomoda, di sacrificio. Ma proprio nel sacrificarsi, cioè nel farsi sacro, egli si redime, si illumina.

Non è del tutto avverso questo arcano, infatti in alcune raffigurazioni, Waite per l'appunto, l'Appeso ha addirittura un'aureola, a significare la sua saggezza: l'Appeso, cercava la verità come l'Eremita, ma ha poi scoperto che il cercare stesso è un ostacolo alla verità, quindi ha smesso, si è arreso. Ma la sua è una resa sacra, illuminata. Per tale motivo reputo poco pertinenti le interpretazioni cristiane che associano all'Appeso il concetto di vita come dolore; l'Appeso tra l'altro non è crocifisso, è semplicemente appeso. Non è ancora morto. Ecco perché il sacrificio è temporaneo. L'Appeso in realtà sta ricevendo un'iniziazione, questo è forse il vero significato esoterico che si cela dietro questo arcano, un significato assolutamente affascinante.

L'Appeso non condivide il modo consueto di attingere alla conoscenza, lui aspetta, *medita*, si immerge immobile nel silenzio attendendo l'illuminazione come i mistici orientali. Anche Odino del resto, ricevette la conoscenza delle rune rimanendo appeso, per ben nove giorni e nove notti.

Laura Tuan chiarisce ulteriormente: «L'impiccato ha scoperto che il segreto per penetrare l'essenza delle cose sta nel loro capovolgimento. (...) Grandissima è dunque la sua forza, non più esercitata dalle masse muscolari, ma dal potere occulto dell'anima che ha superato la prova iniziatica»[25].

La Tuan inoltre fa giustamente notare come le braccia piegate dietro la schiena e le gambe incrociate formano una figura che rimanda al triangolo rovesciato sormontato dalla croce, simbolo alchemico del *compimento* della Grande Opera. Ciò avvalora ancor di più il significato iniziatico della prova che l'Appeso sta superando; quel simbolo infatti rimanda proprio al compimento dell'Opera più che al tentativo di affrontarla, da cui si evince la

---

[25] L. TUAN, cit. p. 81.

valenza sostanzialmente positiva dell'Impiccato, non sempre sottolineata, né condivisa nelle interpretazioni canoniche della lama. In ogni modo però, il linguaggio simbolico parla chiaro, e i Tarocchi parlano *solo* attraverso i simboli.

Per quanto riguarda la divinazione, si può affermare che l'arcano numero dodici rappresenti la classica sventura che in futuro si benedice, un periodo triste che però serve per riflettere, per capire, per evolvere. Talvolta è attraverso il dolore che si giunge alla felicità.

Le prove della vita arricchiscono sempre interiormente, quindi anche se dolorosa, la prova porta poi i suoi buoni frutti (l'arricchimento è tra l'altro proprio simboleggiato dalle monete che perde nella raffigurazione di Wirth, le riprenderà una volta liberatosi).

A volte, la vita usa proprio le situazioni negative per comunicare con noi, per rimetterci nella giusta direzione, per farci cambiare quando noi non vediamo il pericolo o semplicemente l'inutilità di una situazione stagnante e poco costruttiva nella quale siamo finiti.

Per un ulteriore contributo, quale conferma della portata benefica dell'arcano, è interessante l'interpretazione che ne dà Jodorowsky in *Cabaret Mistico*: «Simboleggia il dono di sé stessi, uno stato di meditazione in cui viene a cessare qualsiasi pretesa. In alcune versioni, dalle tasche gli fuoriescono delle monete d'oro, perché nel momento in cui smette di appropriarsi dei suoi molteplici ego (...) si fa canale di ricchezze cosmiche. Non pensa, è pensato»[26].

Infine, per tornare alla creatività e all'intuizione in sede di lettura (di cui parlavo nell'analisi dell'arcano precedente), se in una stesa esce fuori l'Appeso e il consultante è uno sportivo o comunque una persona che ha problemi fisici, questo arcano in questo momento ci potrebbe suggerire che anche questa persona ha problemi proprio a una gamba, la gamba per a quale è legato l'Appeso appunto, nel suo sacrificio temporaneo.

---

[26] A. JODOROWSKY, *Cabaret mistico*, tr. it di M. Finassi Parolo, Feltrinelli, Milano, p. 78.

13.
MORTE

Fine e nuovo inizio, trasmutazione completa,
inevitabile.

La simbologia di questo specifico Arcano è di
estrema importanza e di conseguenza le verrà
dedicato un approfondimento particolare.
Innanzitutto il nome stesso il quale, in
francese, se pronunciato, *la mort* appunto, è
molto simile alla parola "amore", *l'amour*[27].
Se si scrive, il significato rimanda
direttamente al senso della fine ma se viene
pronunciato il significato assorbe «energia»[28]

---

[27] «Morite a voi stessi e diverrete immortali; amate e
avrete sconfitto la Morte. Per questo Jaques de Baisieux,
Fedele d'Amore provenzale, scriveva che «*chi ama più
non muore, vive in un altro secolo di gioia e gloria*».
L'Amore, il dono totale di noi stessi, in quanto forza
vivificante e trasfigurante è dunque la vera chiave per
conseguire la Morte Filosofale». G. MALVANI, *De
Alchimia*, Edizioni Penne e Papiri, Latina 1998, p. 18.
[28] Uso il termine energia nel senso che ne dà Pavel
Florenskij nel saggio *Il valore magico della parola*. «La
parola è energia umana. [...] Nella sua attività
conoscitiva la parola guida lo spirito al di là dei confini
della soggettività e lo mette in contatto con il mondo
che si trova oltre i nostri stati psichici». G. LINGUA,
Magia e forza ontologica del nome, in P. FLORENSKIJ, *Il*

da entrambi formando uno spazio nuovo, onnicomprensivo.

In tale spazio circolare la parola «fine» non ha alcun senso, viene soppiantata dal concetto di mutamento, miglioramento, evoluzione. E chi può permettersi di porre fine al miglioramento? Chi sa dire dove e se l'evoluzione ha davvero una fine? Probabilmente, a dispetto di quanto sosteneva Gurdjieff[29], ne è davvero congenita una salda assenza.

In qualsiasi Via Iniziatica, ciò che deve morire è l'ego: morire a sé stessi. È questo il lavoro di trasmutazione, di pulizia che l'alchimista deve compiere all'inizio del suo percorso:

---

valore magico della parola, trad. it. di G. Lingua, Medusa, Milano 2003, p. 22.

Florenskij afferma che «la parola in quanto prodotto della nostra essenza nella totalità è effettivamente il rispecchiamento dell'uomo» e, in quanto tale, essa presenta tre momenti: «il momento fisico-chimico che corrisponde al corpo. Il momento psicologico che corrisponde all'anima e il momento dell'*od* che corrisponde al corpo astrale» *Ivi*, p. 71.

[29] Come è noto il celebre Maestro armeno ammetteva che «l'essere ha una fine». Battiato, che del suo percorso iniziatico è stato allievo, riporta il concetto nel brano *La porta dello spavento supremo*, la morte appunto. All'inizio del brano, su splendide note di pianoforte, la calda voce di Sgalambro scandice grave la frase: «tutto si dissolverà».

l'«Opera al Nero». Attraversare i suoi specchi più bui, viverli addirittura, per poi trasformarli nel loro contrario. Un lavoro che attesta amore verso sé stessi, richiamato e confermato dal gioco omofonico della lingua francese.

Per ciò che concerne la lettura simbolica dell'Arcano, si deve considerare che esso, in senso negativo, è l'esasperazione dell'Appeso: toccare il fondo in una qualche situazione, dalla quale poi però, non si può che riemergere. La morte è anche un nuovo inizio, si recidono i legami col passato.

A tale proposito il celebre psicanalista e studioso di esoterismo Emilio Servadio approfondisce la questione:

> «A mio avviso per avvicinarsi verso il cuore del mistero non basta, come Heidegger, considerare la morte quale dimensione costitutiva fondamentale dell'esistenza vivente. Occorre formulare un'audace ipotesi di lavoro: quella secondo cui i più alti valori da noi riconosciuti trovano nella morte la loro massima espansione e giustificazione. È in fondo – io credo – ciò che Mozart voleva intendere allorché, in una sua celebre lettera (4 aprile 1787), definiva la morte «questa vera ottima amica nostra».

È quello che mi sembra indicare il Tarocco, quando fa precedere il Tredicesimo arcano maggiore – la Morte – dal Dodicesimo, quello dell'Impiccato a testa in giù, ossia il capovolgimento, il ribaltamento iniziatico. Solo attraverso tale previo capovolgimento - sembra voler dire il Tarocco – si può affrontare iniziaticamente la morte, intesa come distruzione del «sé» profano»[30].

Waite disegna la Morte a cavallo con un vessillo con la rosa mistica e un sole sullo sfondo: il sole dell'immortalità. La Morte può dunque celare buoni auspici, San Francesco la chiamava «Sorella Morte», mentre Don Juan diceva a Castaneda di farsela amica, in quanto essa «ci serve per vivere». Vivere come se fosse l'ultimo giorno, vivere a contatto con la Morte, ciò dona felicità e allontana il timore. Ed ecco che la Morte diventa amore per la vita.

La Morte in sostanza non è «solo morte» ma anche e soprattutto rinascita, Risveglio, la Morte in realtà... non muore mai... Innanzitutto, lo scheletro, nei Tarocchi di Marsiglia, è color carne, e ciò è al quanto eloquente riguardo alla sua «umanità», in

---

[30] E. SERVADIO, *Passi sulla Via Iniziatica*, Mediterranee, Roma 1977, p. 147.

secondo luogo, ciò che la falce si lascia dietro, mani, piedi e volto, non ha ancora perso vitalità, soprattutto quel volto rimasto lì per terra: è ancora espressivo. Ciò per attestare che niente muore del tutto, ma semplicemente si trasforma. Quello che l'uomo ha pensato e sognato in vita (la testa), nonché le sue azioni (mani e piedi) sono ancora lì, anche dopo il passaggio della Morte. In Wirth questo è evidentissimo: le mani sono addirittura aperte, escono dalla terra come fiori sbocciati, non solo vivi dunque ma addirittura nel pieno del loro percorso evolutivo, per non parlare dei due volti, ad occhi aperti e assolutamente rilassati, l'uomo ha addirittura ancora la corona in testa, non ha perso nemmeno il suo potere temporale e le sue ricchezze materiali.

Il numero dell'Arcano inoltre, il tredici, è nefasto solo per chi ha paura dei cambiamenti, non per chi ne riconosce l'efficacia: per fare spazio al futuro, bisogna liberarsi del passato. È questo il grande insegnamento di questa lama: a livello vibrazionale, se siamo collegati a specifiche esperienze passate, non creiamo lo spazio necessario per attirarne delle nuove. Se, per fare un banalissimo esempio, soffriamo per un amore non condiviso e manteniamo la nostra mente e tutti i nostri pensieri, sentimenti e preoccupazioni all'interno di quel nucleo di emozioni negative, niente di nuovo potrà arrivare a noi, semplicemente perché nella nostra mente, tutta piena di quei pensieri, non c'è posto per dei nuovi: i nostri pensieri sono il nostro mondo e il nostro mondo sono i nostri pensieri; per tornare a Battiato, nel brano *Il cammino interminabile*, il Maestro afferma: «Se vuoi sapere come sarai domani osserva i tuoi pensieri di oggi».

Le foglie e i fiori sparsi qua e là nel campo dove passa la Morte stanno a confermare quanto essa sia parte integrante della vita, è proprio «con lei», nel senso letterale: le passa accanto.

La Morte dunque non ha valenza del tutto «negativa»: quello che doveva accadere è già accaduto, il fondo è già stato toccato, d'ora in poi solo cambiamento, solo un nuovo ciclo si apre innanzi, è tutto qui il significato di questa carta - che poi il cambiamento possa essere più o meno traumatico dipende dalle carte vicine[31] ma anche dal consultante, dal suo essere e dalle sue circostanze, in ogni caso

---

[31] Come già spiegato, l'aggettivo «negativo» ha davvero poco senso attribuito ad un arcano in quanto le carte vanno sempre analizzate l'una accanto all'altra, esse infatti sono intimamente connesse, proprio come connessi sono i singoli esseri del reale.

questo cambiamento è assolutamente necessario ed inevitabile. Come inevitabile è la Morte stessa.

Paradossalmente la Morte è un arcano che può anche portare notizie a noi gradite, può indicare che anche i progetti più impensabili e grandiosi, possano ora prendere *vita*. Tutto ora può succedere, le carte circostanti e le circostanze della nostra vita del momento, ci indicheranno *quali* buone nuove ci attendono.

La Morte infine, in quanto *incarnazione* del divenire, della trasmutazione, della rinascita, rimanda, proprio come la Fortuna, alla concezione ciclica del tempo, la concezione greca, simboleggiata in esoterismo dal serpente *Ouruborus*.

In conclusione dunque, «nulla si crea e nulla si distrugge ma tutto trasmuta», come recita il noto principio di Lavoiser, morte e nascita dunque sono solo due facce della stessa medaglia.

Eraclito ribadisce il concetto nel celebre frammento 22: «la stessa cosa sono il vivo e il morto, il desto e il dormiente, il giovane e il vecchio: questi mutando trapassano in quelli e quelli ritornano a questi»[32].

---

[32] ERACLITO, *I frammenti e le testimonianze*, tr. it. di C. Diano, Mondadori, Cles (TN) 2000, p. 15

La temporalità ciclica, greca, è ovviamente l'esatto opposto di quella lineare, cristiana, la quale presuppone un Dio creatore che si colloca tanto all'inizio, quanto alla fine del tempo.

Agostino nelle *Confessioni*, fa notare come non si possa nemmeno parlare di tempo prima della creazione[33] . Allo stesso modo, il tempo cessa di esistere alla fine dell'esistenza umana con il Giudizio Universale, limite estremo che ovviamente non troverebbe posto nella concezione sferica del tempo. Concezione sbandierata a chiare lettere dall'Arcano numero tredici e dalla sua generosa simbologia.

> «La morte accade continuamente, così continuamente che è ovvia, per questo ve la dimenticate... La morte accade continuamente. Quando muore l'infanzia, quando muore la giovinezza... L'amore è morte. Solo chi ha paura di morire ha paura di amare. Gli amanti muoiono l'uno nell'altro. Solo questo è amore, il resto non è

---

[33] «Tu hai creato tutti i tempi e tutti li precedi: non si può parlare di tempo quando il tempo non esisteva».
S. AGOSTINO, *Le Confessioni*, Cap. XIII, p. 319, Bur, Milano 1997.

che gioco, capriccio... Anche quando meditate morite... Diventare consapevoli vuol dire entrare in una grande morte. Anche arrendersi al Maestro è una forma della morte... Il miracolo della meditazione è che trasforma la morte in Dio... Amore e morte vanno insieme: è la stessa energia, Lasciate che amore e morte divengano una sola cosa... Quando la divisione tra amore e morte scompare, tutte le altre divisioni scompaiono»[34].

Per concludere vorrei citare un aneddoto estremamente affascinante in cui, ancora Battiato in un'intervista alla domanda: «Qual è la prima immagine che le viene in mente se le dico Manlio Sgalambro?» il Maestro risponde: «Quando morì ho sentito la sua presenza nella mia stanza... però lui si credeva ateo e... ho detto a voce alta: Ha visto che non si muore?»[35].

---

[34] SWAMI PREMBODHI-SWAMI ANAND RAJENDRA, *Il Tarocco intuitivo. Una chiave di lettura tra psicologia e magia*, Edizioni re Nudo, Francenigo (TV) 2007, p. 46.
Per un approfondimento ulteriore sul tema della morte rimando al mio saggio *La morte come evoluzione iniziatica*, CreateSpace Publishing, Seattle 2015.
[35] Da un'intervista al TG2 dell'11 luglio 2015.

14.
TEMPERANZA

La Temperanza è una figura rassicurante, che ha tra le mani l'energia, il fluido vitale. Essa manovra questa energia, ecco perché è la carta delle meditazioni, di tutte le tecniche esistenti. Questa angelica figura femminile sta in realtà compiendo un processo di trasmutazione alchemica: sta purificando l'acqua, simbolo vitale e naturale per eccellenza, per questo motivo rimanda inoltre al segno dell'acquario, nonché all'Era dell'Acquario e dunque a una sorta di risveglio interiore.

È la carta delle terapie naturali, del lavoro su di sé, dell'evoluzione interiore, non a caso questa figura femminile possiede le ali. È una figura umana che sta trasmutando in angelo. Il vaso stesso è pregno di una grande simbologia esoterica: racchiude in sé il segreto della metamorfosi e indica ricettività alle cose celesti.

In sostanza, questo arcano indica il rassicurante eterno fluire della vita, nonché le qualità e le virtù morali.

È un arcano che indica una situazione assolutamente positiva e benefica, esortando pur tuttavia ad un'esistenza vissuta in modo più equilibrato e moderato, dedito alla spiritualità.

L'acqua quando entra in contatto con le cose, le bagna, cioè le cambia in qualche maniera, le modifica o, in ogni modo, rimane lì, la sua presenza cioè rimane fisicamente nelle cose almeno per un po', ecco perché è un arcano che influenza sempre le carte vicine. Non in maniera prorompente come altre lame (pensiamo al Diavolo ad esempio) pur tuttavia considerevole, non si tratta certo di una cascata, ma di un semplice flusso, che è stato però trattato, purificato energeticamente da un essere alato, ossia mezzo umano e mezzo divino.

Un'ultima considerazione riguardo ai colori del vestito: rosso e blu, ossia passione e trascendenza (colori molto usati sai nei Tarocchi di Wirth e di Marsiglia, sia nelle vesti dei personaggi del pittore Dino Valls nel quale l'elemento alchemico ed esoterico è ampiamente e magistralmente citato e ri citato)[36]. Questi due colori mescolati insieme

---

[36] A tale proposito rimando al mio saggio *Psicanalisi della pittura: Dino Valls e l'immagine attiva dell'inconscio*, CreateSpace Publishing, Seattle 2014.

danno il viola che esprime moderazione, misura, temperanza appunto.

Il viola è un colore particolarmente interessante dal punto di vista esoterico, è infatti collocato all'estremo dello spettro cromatico al di là del quale si dipana la gamma degli ultravioletti che è il territorio dell'invisibile, non percepibile dai sensi. Colore magico per eccellenza, esso è anche il colore dell'ametista, quarzo usato dagli occultisti fin dai tempi più antichi.

Va notato infine che la Temperanza è anche la carta del contatto, del trasferire energia (la propria) da un punto all'altro, sia materiale che virtuale, ecco perché è anche la carta dei social networks ma anche della luce, dell'elettricità e delle bollette (Luna più Temperanza può indicare proprio bollette non pagate ad esempio).

Le due coppe potrebbero anche rimandare alla femminilità, in tutti i suoi variegati aspetti, quindi anche alla sessualità e all'omosessualità femminile, specie se l'arcano esce vicino a Diavolo e Imperatrice (che come abbiamo visto simboleggia una donna di bella presenza, affascinante e sensuale). Se esce invece in coppia con l'Imperatrice o la Papessa può anche indicare una gravidanza, stesso discorso se sono vicine carte quali Luna e Stelle.

La Temperanza infine è una lama che per certi versi richiama la Giustizia (anche se, se ne discosta sul piano del rigore e del senso del dovere, incarnati invece principalmente dall'arcano numero otto), questa lama infatti ci parla di stabilità, di amicizia, di equilibrio, di stabilità nei rapporti appunto, tenuti in vita da questo costante flusso di energia vitale che li sorregge eli vivifica.

Come al solito però, il significato in sé può cambiare in un istante, accanto al Diavolo questo equilibrio diventa subito squilibrio, attenzione a dove va questo flusso dunque, potrebbe essere bloccato o addirittura rovesciato da arcani molto forti, come ad esempio il Diavolo appunto.

Infine la Temperanza è la carta della salute, come lo è anche la Stella e tutte quelle carte dove compaiono figure nude, qui però la salute è palesemente raffigurata dal flusso d'acqua o di energia vitale.

In un consulto con una persona malata, questa carta può dirci molto, soprattutto se vicina ad altre che la confermano, Stella, o la contraddicono, Diavolo.

Terzo settenario

15.
DIAVOLO

Come si legge in *Danza della realtà* di Alejandro Jodorowsky, «il Diavolo è un potente simbolo della creatività. Il Diavolo è il primo attore nel dramma cosmico: imita Dio»[37].

La Tuan fa giustamente notare che la connotazione fortemente negativa che caratterizza questo arcano, «proviene dalla mentalità sessuofobica dell'epoca che lo ha generato»[38]. Il Diavolo è sì legato alla materialità e alla carnalità ma ciò non implica necessariamente dei presagi chissà quanto tetri. Egli infatti rappresenta anche l'archetipo del coraggio: ha avuto l'immenso coraggio di sfidare Dio.

Tale carta dunque allude ad un'estrema sicurezza nei propri poteri, la certezza di poter cambiare gli eventi avversi del fato: il Diavolo in fondo, sul piano archetipale, è

---

[37] A. JODOROWSKY, *La danza della realtà*, tr. it. di M. Finassi Parolo, Feltrinelli, Milano 2001, p. 153.
[38] L. TUAN, *op. cit.*

proprio colui che tentò di cambiare addirittura l'intero palcoscenico metafisico dell'universo.

Al di là della morale e della religione, che qui non interessa – che Dio sia il buono e il Diavolo il cattivo lo lasciamo decretare ai sacerdoti cristiani, per noi Dio e Diavolo non sono due esseri ma due archetipi e in quanto tali, essi hanno un forte legame col e nel nostro inconscio e il lavoro tarologico è atto proprio a portare in superficie, cioè al livello del conscio, l'immagine e il significato di questa connessione, per noi altrimenti oscura e invisibile, inconscia appunto.

E scorgere l'inconscio è fondamentale poiché esso è a sua volta collegato a un inconscio più ampio che lo include appunto, che Jung chiamava infatti «collettivo», ossia la realtà in cui viviamo nella sua forma «a priori», cioè energetica, metafisica, invisibile, causale-creativa.

Ciò che preme sottolineare è la forte carica magica che questo arcano comporta, una carica in grado di rimodellare lo schematismo denso dell'irrealtà circostante. Wirth gli tatua addirittura nelle braccia il motto alchemico per eccellenza: *solve et coagula*, appunto.

Sul piano divinatorio, notoriamente considerato come l'antagonista dell'arcano della Giustizia, il Diavolo, indica sì spesso poteri paranormali e provocazione, a volte però esso indica anche conflitti interiori[39]. Quest'ultimo aspetto è presto spiegato: il Diavolo ha grande potere ma sfidare Dio è un'impresa ardua, una battaglia persa in partenza, il Diavolo alla fine perde la sua partita e la sconfitta difficilmente comporta felicità.

Infine, questo arcano indica tutto ciò che è legato alla sfera della sessualità, sia nel bene che nel male, sarà il consultante poi a ritagliarsi i suoi significati collegandoli alle circostanze.

La sessualità non va repressa, quando nel Medio Evo la Chiesa la metteva al rogo, in Oriente veniva utilizzata quale strumento precipuo di fusione con l'assoluto, con Dio. Come è evidente siamo agli antipodi, tutto è rimandato alla sensibilità «religiosa» (nel senso etimologico di Tertulliano e Lattanzio di *religàre*, unirsi a Dio) del consultante, del ricercatore, del viandante, dell'Iniziato che scava dentro ai simboli delle lame della realtà. In conclusione, quando esce il Diavolo in una stesa esce anche carisma, seduzione, creatività

---

[39] Ovviamente a seconda delle circostanze, del consultante stesso e delle carte vicine.

e potere di sottomissione – i due esseri nella raffigurazione sono a lui sottomessi e incatenati, il Diavolo infatti incatena le persone, alle loro passioni in primis.

Il Diavolo ricorda quello che Battiato nel celebre brano definiva l'*animale*, una bestia appunto, indomabile, «che si prende tutto /anche il caffè / mi rende schiavo delle mie passioni /e non si arrende mai / e non sa perdere /e l'animale che mi porto dentro vuole te»[40].

Il Diavolo inoltre ha i seni, rimanda per questo all'androginia e all'amore omosessuale.

In conclusione, inutile dire che in una stesa riguardante un aspetto relativo alla sfera erotica, questa è la carta ideale, quella che parla più chiaro di tutte.

Tuttavia, anche in una stesa riguardante il denaro questa carta può essere di buon auspicio, il Diavolo infatti, quale parallelo opposto di Dio, incarna anche la materialità, di cui il denaro è uno dei maggiori simboli.

Nelle domande sulle questioni finanziarie dunque il Diavolo è sicuramente un'ottima carta.

---

[40] F. BATTIATO, *L'animale* in «Mondi lontanissimi», Emi Music 1985.

Un ultimo appunto sul concetto di ingenuità al quale questa lama rimanda. Il Diavolo ci mette in guardia sul fatto che inseguendo il piacere, anche quello momentaneo non ci preoccupiamo delle conseguenze che però inevitabilmente arrivano. Per tale motivo il Diavolo però rappresenta in ultimo anche un'opportunità, un invito a guardarci da un lato che ignoravamo magari perché istintivamente ci perdoniamo tutto e non facciamo caso ai nostri errori. Agisce dunque da lente d'ingrandimento ai nostri schemi di pensiero scorretti, la modifica dei quali spetta solo a noi, una volta scoperti.

16.
TORRE

Se il Diavolo rappresentava la sicurezza e quasi la presunzione di poter sfidare il destino, la Torre ci racconta esattamente il contrario: costruisci pure, elevati, ambisci, è giusto che tu lo faccia ma non sognarti neppure di eguagliare il creatore, sennò cadrai e la caduta sarà dolorosa, visto che sei voluto salire così in alto.

Questo in sostanza sembra essere il significato della lama numero sedici, un'altra lama *profondamente* karmica.

In ogni modo, seppur la caduta è davvero nefasta, le basi, le fondamenta della Torre rimangono solide e intatte, il crollo non è dunque totale, ecco perché questa carta in finale, anche se forse la peggiore del mazzo in quanto a messaggio, è più un avvertimento, un monito. Il pericolo insomma non è ancora accaduto ma sta per accadere e lo farà in modo *fulmineo* appunto, totalmente inaspettato e perfino sconvolgente: a crollare sono le nostre presunte certezze su noi stessi, sugli altri e sul mondo in sé. La Torre ci ha voluto dire che erano clamorosamente sbagliate, per sottolinearlo trova un modo clamoroso per farlo.

Dopo il crollo però, c'è la ricostruzione. Essa però può mettersi in moto solo quando finalmente siamo in grado di capire il *perché* del crollo, una volta compreso questo si comincia un nuovo capitolo del proprio cammino evolutivo.

Il fulmine è simbolicamente un segnale divino, una punizione sì ma con intenti costruttivi.

Ovviamente è qui palese il riferimento a Babele, e dunque: punizione per troppa superbia, necessità di umiltà, di rivedere le proprie posizioni prese, forse troppo ambiziose.

Interessante notare come questo crollo possa essere più o meno nefasto, dipende dalla persona: più essa è centrata, consapevole e spiritualmente connessa a sé medesima, più rimane in piedi[41]. Più al contrario una persona è inconsapevole e ignara di sé, totalmente in balia del mondo esterno e delle sue false illusioni, più il crollo sarà violento, la comprensione del crollo difficile e la ricostruzione più lenta.

---

[41] Il che rimanda tra l'altro anche al celebre «rimanere in piedi tra le rovine» di evoliana memoria.

Va da sé poi che un ruolo fondamentale è giocato anche dalle carte vicine, le quali se sono "positive", ridimensionano l'arcano, rendendolo il simbolo di una paura ingiustificata, un male a tratti apparente, una fastidiosa insicurezza o un timore immaginario.

A volte la Torre può anche simbolizzare il fallo e quindi un possibile problema legato alla sfera sessuale maschile, altre volte la Torre può parlarci del mondo arabo, essa è infatti anche la carta dei paesi arabi e della loro cultura.

In generale però, a parte altre possibili letture, la lama ci parla del crollo dell'ego, ciò che crolla è di solito proprio esso e solo quando l'ego è crollato, al di là delle sue illusorie rappresentazioni, i suoi ruoli sociali, le sue maschere, solo allora è possibile vedere la vera realtà, sia interiore che esteriore.

Gli arcani successivi infatti: la Stella, la Luna e il Sole, sono carte che contemplano il firmamento, che raccontano il cielo e da esso provengono, sono lame di esperienza intensa, di visione, di purezza, di onestà e fedeltà di fronte al vero. Non è un caso che dopo la Torre, nessun personaggio comparirà più vestito. La nudità rappresenta l'essere nella sua essenza, nella sua verità.

17.
LA STELLA

Il viaggio dell'Iniziato sta volgendo al termine del suo percorso (siamo infatti al diciassettesimo dei ventuno arcani) innanzando sempre più il suo livello di evoluzione spirituale, arrivato appunto *alle stelle*.

Questo arcano, chiamato *La Stella* o, in alcuni mazzi al plurale *Le Stelle*, presenta una simbologia tutta incentrata sull'abbondanza e i buoni auspici.

Viene raffigurata una giovane fanciulla bionda, completamente nuda intenta nello svuotare due anfore: una va a riempire un piccolo laghetto di fronte a lei, l'altra va a nutrire direttamente la terra. Il suo lavoro è dunque duplice e simultaneo e include due dei quattro elementi, terra e acqua con i quali intraprende una vigorosa relazione.

Ciò che subito colpisce è la disponibilità di energia, simboleggiata dall'acqua, elemento vitale *par excellence*, di cui la giovane dispone e che decide di donare alla terra.

In questo caso non è dunque la natura a nutrire l'essere umano ma il contrario, tale elemento attesta la dimensione magica e sovraumana della fanciulla la quale è inoltre contornata da sette stelle (i settenari), più una, l'ottava (l'infinito), enorme al centro.

E'una figura che viene dal cielo e da esso è protetta ma soprattutto è dal cielo e dalle stelle che porta l'energia divina da depositare in terra.

Le anfore svuotano tutta l'energia che nell'arcano della Temperanza veniva invece risparmiata e riciclata. Qui invece l'energia fuoriesce a volontà e va ad irradiare la terra, cioè il nostro mondo esteriore, la nostra appendice esterna.

La lama dunque indica prosperità, abbondanza di mezzi, risorse ed energie per intraprendere un qualcosa che è oltretutto benedetto dalle stelle.

Il fatto che la giovane sia nuda inoltre, sta ad attestare la trasparenza della situazione che si sta vivendo o che si vorrebbe realizzare, siamo nella strada giusta, nel vero, lontani dall'ipocrisia e dall'invidia, abbiamo concretamente di fronte agli occhi ciò che vogliamo, abbiamo i mezzi per realizzarlo. Potremmo affermare che questa lama corrobora ed enfatizza quella del Mago, donandogli ancora più efficacia, se escono insieme queste due carte lanciano un messaggio molto potente: si è in grado di realizzare il proprio desiderio ed esso ha la benedizione delle stelle, non solo, esso è anche un progetto trasparente, sincero, puro e costruttivo in sé.

Waite disegna la grande stella, l'ottava, dello stesso identico colore dei capelli della fanciulla, ad attestare una sintonia estremamente marcata e quasi congenita, la fanciulla è una messaggera delle stelle o forse essa stessa stella, la quale ha ottenuto una forma umana proprio per la missione che sta compiendo: nutrire la terra, ossia portare l'energia benefica e magica delle stelle per rimodellare armonicamente il mondo materiale. Il liquido vitale che riversa la fanciulla è un liquido stellare, una pozione magica.

In conclusione, sul piano divinatorio, la Stella è sempre una carta che parla di bellezza e di salute e qui è simile alla Temperanza in effetti, le si discosta però in quanto essa parla perfino di fecondità: annaffia infatti, feconda la terra col suo fluido stellare.

Indica una donna bella, con l'Imperatrice vicino ancora più bella, col Sole una donna solare, oltre che bella. Inutile dire che col Diavolo accanto invece, la donna bella diventa anche sensuale, provocatoria, lussuriosa.

In fine può anche essere la carta della collettività, le stelle infatti sono molteplici, una collettività illuminata però, ovviamente.

18.
LUNA

La Luna rappresenta essenzialmente qualcosa di non completamente chiaro, che spaventa e condiziona la persona proprio perché non ben visibile. Il gambero infatti, che rappresenta l'anima, indietreggia, ha paura del nuovo e ristagna in questo indietreggiare, rimane appunto in uno stagno vero e proprio, sebbene la Via tracciata sia da secoli lì di fronte. Il sentiero è tracciato e libero da ostacoli, le stesse torri ai suoi due lati, non sembrano avere funzioni protettive, sembrano anzi accogliere il viandante al principio della Via, spaventato però dai suoi dubbi, dai cani che abbagliano e da una luce che non illumina del tutto, quella della Luna appunto.

Il *logos*, il sole, cioè la nostra parte razionale e cosciente, non è abituata a decifrare le ombre della luna, la quale non risplende nemmeno di luce propria, è intrinsecamente e congenitamente misteriosa ed oscura, rappresenta quei lati dell'essere che non riusciamo a vivere consapevolmente in prima persona e li depositiamo nell'inconscio, rivivendoli poi nei sogni, ovviamente in maniera confusa, come è nella natura del sogno.

La luna rappresenta l'essere in balia del mistero, della notte, di qualcosa che ristagna: l'unica cosa che ha di fronte è infatti un lago stagnante su cui essa si riflette, il tutto incorniciato dal lamento di due cani randagi, solitari, notturni e misteriosi anch'essi.

Va notato che tutto e tutti anelano alla luna, quasi fosse un rito in cui tutte le parti, sia quelle animate che quelle inanimate, sono come magicamente attratte dall'astro: i cani la guardano e abbaiano verso di essa, le vogliono comunicare qualcosa, il grande granchio al centro, anch'esso esce dall'acqua come ipnotizzato di fronte ad essa. Perfino quelle gocce d'oro che vediamo, più che scendere dal cielo sembrano salire verso di esso, verso la luna appunto[42].

Tutto il reale è attratto dall'astro, protagonista indiscusso della lama, il quale però è intento in un'azione statica, stagnante, costretto in un limbo che per quanto elevato ne limita le possibilità di azione.

La Luna è la carta dell'illusione, i cani abbagliano al vuoto, non concretizzano

---

[42] Potrebbero rimandare all'oro alchemico e al percorso di evoluzione dell'alchimista che di fatto ascendo verso una sua sempre più raffinata sublimazione di sé.

niente, non arrivano a niente, niente è chiaro, tutto è oscuro, tutto è inconscio, tutto è nascosto, tutto è segreto: è la carta delle cose segrete, di quello che non riusciamo a sapere, di quello che non ci viene detto anche se magari ci servirebbe saperlo. È una carta che ci mette in guardia: c'è qualcuno che non ci dice la verità, che vuole tenerci all'oscuro dalle questioni che ci riguardano. Bisogna vedere gli arcani vicini per capire se abbiamo o meno una via d'uscita, una Torre o un Mondo per esempio.

La Luna è inoltre in uno stato di sofferenza e costrizione, in Waite ha un aspetto serio, sommesso, preoccupato, triste, gli occhi sono chiusi, non guarda al mondo materiale ma a quello interiore.

Le due torri a lato, nelle quali sembra risuonare la metafisica di De Chirico col suo perenne stato di mistero immobilizzato, simbolizzano due colonne, come essa facesse parte di un tempio e come se, davvero, si stesse ora celebrando un rito, a cui però non prende parte l'uomo ma solo i suoi istinti, i cani appunto.

La notte infatti, lo stagno e la luna stessa formano il paesaggio dell'inconscio, quello dello stato attuale del consultante al momento della stesa.

Questa lama indica varie problematiche irrisolte, che forse alla luce della nostra prospettiva razionale non riusciamo a vedere, tuttavia esse sono lì, a ristagnare, ad abbaiare inascoltate, come inascoltato e incomprensibile rimane l'abbaio di un cane nella notte.

Ma soprattutto rimangono lì ad *ostacolare*: se a livello inconscio ad esempio non ci sentiamo abbastanza bravi per quel lavoro, quel lavoro, sebbene la sfera della veglia e del conscio palesano tutte situazioni lapalissianamente favorevoli, probabilmente non arriverà mai. Di solito infatti sono proprio le nostre convinzioni inconsce che ci impediscono di raggiungere i nostri obiettivi. Per questo spesso non riusciamo a capacitarci di come, sebbene sia "tutto a posto là fuori", niente va come dovrebbe e niente va come dovrebbe perché "là dentro" regna una grande insicurezza, di cui noi ovviamente non siamo appunto consapevoli.

Quelle convinzioni purtuttavia, fortissime, agiscono (si ricordi il monito di Jung: «l'inconscio è reale poiché agisce») e influiscono nella nostra vita...

In ogni caso la luna come simbolo in sé rappresenta anche la ciclicità, il divenire, questo implica che la sua "morte" non è mai definitiva. Come infatti asserisce Mircea Eliade «la luna è il primo morto, ma anche il primo morto che risuscita»[43].

La Luna dunque rappresenta un monito[44] non una catastrofe, sta dicendo che sì, c'è qualcosa che non va ma non è qualcosa di irrimediabile; se riusciamo a guardarci dentro e scovare le controintenzioni, riusciamo a scamparla: tutto sta nel coscientizzare l'inconscio[45].

La Luna porta seco un messaggio ammonitore: *ambula ab intra*, smaschera e libera il tuo lato *yin*, la tua parte percettiva e femminile. Per tali ragioni potrebbe

---

[43] M. ELIADE, *Il mito dell'eterno ritorno*, Borla Edizioni, Roma, p. 89.

[44] Più leggero di quello della Torre.

[45] Esistono ovviamente diversi modi per farlo, Jung ha dedicato una vita intera alla questione. Uno dei tanti modi è quello usato dal pittore spagnolo contemporaneo Dino Valls. L'artista infatti, usando la tecnica junghiana dell'immaginazione attiva, riesce a visualizzare l'*immagine* del suo inconscio in uno stato di semi veglia. Il dipingerla e il riportarla alla superficie, rappresenta una meravigliosa tecnica di coscientizzazione e di indagine interiore attraverso il mezzo artistico.

Per un ulteriore approfondimento rimando al mio saggio *Psicanalisi della pittura: Dino Valls e l'immagine attiva dell'inconscio*, CreateSpace Publishing, Seattle 2014.

rimandare alla lama della Papessa, tuttavia mentre quest'ultima ci invita a studiare consapevolmente (il suo messaggio chiama in causa la sfera noetica), la Luna illumina *solo* il nostro lato inconscio ma in realtà è proprio quello che avremmo bisogno di vedere al momento, per andare avanti nel nostro cammino, per varcare la via tracciata da quelle due torri.

La nostra parte razionale, solare, non viene minimamente contemplata dall'astro, sarà però la lama successiva a farlo: il Sole appunto.

19.
SOLE

Se la Luna è mutevole, il Sole è immutabile, rappresenta il coronamento di una consacrazione raggiunta, rimanda a uno stato di illuminazione, nonché all'oro degli alchimisti.

Il Sole, sul cui culto sono incentrati per altro gli oracoli caldaici, è di fatto il primo Dio che l'uomo ha avuto.

Anche vicino a carte «negative», il Sole continua a risplendere (di luce propria a differenza della Luna) illuminando anche loro - le nubi passano, il Sole resta[46].

Il bambino inoltre (nei marsigliesi come anche in Wirth sono due mentre in Waite è uno), indica proprio purezza, potenzialità, volontà di conoscenza, gioia. È l'io tornato fanciullo, tornato al mondo magico, tornato ad un rapporto animato, fiabesco, felice, incantato con la realtà circostante[47].

---

[46] «Le nuvole non possono annientare il sole», come canta Battiato in *Lode all'inviolato*.

[47] Nella nostra letteratura, il più celebre tra i bambini-Iniziati è certamente Pinocchio. A tale proposito, interessante è la riflessione di Emilio Servadio che

In ognuno dei tre mazzi citati inoltre i bambini (o il bambino) sono oltre un piccolo muro: il confine che separa il vecchio mondo dal nuovo, quello appena raggiunto, quello illuminato e pieno di gioia traboccante.

La bambina con cui il bambino forma una coppia nei Tarocchi di Marsiglia e in quelli di Wirth, simboleggia l'unione di yin e yang, la coincidenza degli opposti finalmente illuminata dalla luce divina, la quale cala su di loro delle preziose gocce d'oro: prosperità, abbondanza, sia dal punto di vista spirituale che materiale.

Di notevole interesse la sostanziale differenza nei tarocchi di Waite in cui egli pone il fanciullo (uno e non più due dunque) su di un cavallo bianco, simbolo di purezza ma anche di magia, di magia bianca appunto, la luce del sole inoltre è chiara, pulita e benevola, ad essa si accorda la grazia e la nobiltà di questo

---

accosta l'epilogo della fiaba all'epilogo dell'alchimista alla fine dell'Opera: «Gli arrivano 40 monete d'oro. L'operazione è riuscita. Pinocchio si è autodeterminato maestro d'alchimia, ha fatto l'oro, ha salvato la sua regina – la fata -, ha effettuato il mysterium coniunctionis, ha compiuto la Grande Opera. Può adesso confermarsi come «liberato», come signore di sé stesso e padrone degli eventi». E. SERVADIO, Passi sulla Via Iniziatica, cit., pp. 220-1.

animale da sempre al servizio dell'uomo sin dall'antichità, sia nell'agricoltura che nelle battaglie. Il cavallo è un simbolo di libertà, ma una libertà consapevole, pura, nobile, elegante ma allo stesso tempo forte, potente e folle, in una sola parola: iniziatica.

Il cavallo simboleggia anch'esso il lato inconscio che se tenuto a bada armonizza il mondo interiore altrimenti, a briglie sciolte, lo sconquassa - si rimembri Gurdjieff e la celebre metafora del cocchiere[48].

In conclusione, se nei marsigliesi e in Wirth si è voluto mettere in luce l'armonia della parte maschile e femminile, in Waite è il conscio con l'inconscio a formare l'armatura di un guerriero che sventola un vessillo rosso rubino, il colore del fuoco alchemico.

L'accostamento del fanciullo con il Sole non è casuale, come niente di niente lo è nei Tarocchi - si rimembrino le parole di Eliphas Levi: «sono le matematiche applicate

---

[48] Gurdjieff scindeva l'essere in corpi distinti simboleggiati da: carrozza (corpo fisico), cavallo (corpo astrale, le emozioni), cocchiere (corpo mentale, l'intelletto) e infine il padrone (corpo causale, il Sé) che deve fare sentire la sua voce agli altri corpi, per comandarli, (da cui la citazione del titolo dell'album di Battiato *La voce del Padrone* (1981), rimasto in classifica per oltre un anno con milioni di copie vendute)

all'assoluto [..] una lotteria di pensieri rigorosamente esatti come i numeri» – Elémire Zolla ne *Le Meraviglie della natura* afferma: «Ma se I maghi sono il tempo (e lo spazio in esso), il Bambino è l'eterno, ciò da cui sorge, emana il tempo-spazio: è la luce. Infatti, l'Epifania è festa della luce, [...]. In varie contrade d'Europa, alla Befana, si accendono I falò»[49].

Similmente, il culto egizio di Horo rimanda ad un'infanzia illuminata nella quale il fanciullo viene riconosciuto come sapiente. I rimandi al bambino quale portatore di saggezza, scorrono a non finire nelle tradizioni orientali e a tale proposito Zolla, nel suo saggio sull'infanzia, afferma: «Ma quale ricchezza non si trova nel culto di Krisna bambino!»[50] per non parlare poi della cultura giapponese: «il Bodhisattva della suprema sapienza è raffigurato come fanciullino azzurro: Nawa nonju. Nei templi shintō

[49] E. ZOLLA, *Le meraviglie della natura. Introduzione all'alchimia,* Marsilio, Venezia 1991, p. 141.
[50] E.ZOLLA, *Lo stupore infantile*, Adelphi, Milano 1994, p. 20. A tale proposito rimando anche al mio saggio Il tempo dei mondi interni: Elémire Zolla e le meraviglie dell'infanzia in «Schegge di Filosofia moderna VII», Gaeta: Decomporre, 2014.

questo ruolo è assunto dal principino (*waka-miya*), androgino perfetto»[51].

Nella raffigurazione di Waite egli tiene in testa una corona di fiori sbocciati, due sono i simboli: la corona che rimanda alla regalità e i fiori all'abbondanza. Ma a parte tale dettaglio, ciò che colpisce è la posizione del fanciullo, egli cavalca il quadrupede in una posizione del tutto inusuale e che però determina gioia e allo stesso tempo potere magico, gioia perché il bambino, il cui volto è sereno e impercettibilmente sorridente, apre le braccia e le gambe insieme in un inequivocabile segno di felicità; magia perché da quella posizione sarebbe difficile cavalcare, tranne che per lui appunto, il quale è ben saldo al comando di un cavallo che simboleggia il suo lucente e puro mondo interiore. Si noti che in cielo c'è solo il Sole e i suoi raggi, l'astro copre tutta la superficie nella quale risplende, a differenza della Luna che lasciava un ampio spazio intorno a sé (in cui rientravano le due torri, le gocce d'oro, il cielo e le colline con il sentiero sullo sfondo).

Un'ultima annotazione, sempre in Waite, va fatta riguardo al vessillo rosso che tiene in

---

[51] *Ibidem.*

mano il bambino con la sinistra: esso rimanda chiaramente a un serpente che si arrotola intorno a sé e sale su verso il sole, vero l'illuminazione, verso un'esplosione di energia. Difficile non pensare alla *kundalini* che sale su sino a risvegliare tutto il potere dell'essere. Il bambino infatti ha braccia e gambe spalancate come fosse elettrizzato, è a cavallo del suo mondo interiore e incamminato nella giusta Via, benedetto, protetto e illuminato dal Sole: non c'è dubbio, sta vivendo una grande iniziazione verso il Risveglio.

In conclusione, il Sole è esattamente l'opposto della Luna: tutto è manifesto qui, tutto è chiaro, abbiamo tutto sotto controllo e tutto ci è spiegato. Un'ulteriore e ultima considerazione sul bambino in sé il quale come abbiamo visto è sì simbolo di innocenza, spensieratezza, gioia e risveglio iniziatico perfino, però attenzione, come al solito vanno sempre considerate le carte vicine. La spensieratezza, l'innocenza e la solarità possono benissimo trasformarsi in estrema razionalità, fanatismo e perfino tirannia, specie accanto al Diavolo o l'Imperatore.

In conclusione però questa lama ci ricorda il messaggio principale dei tarocchi stessi: il mondo esteriore risplende perché risplende innanzitutto quello interiore *da cui sempre dipende.*

20.
GIUDIZIO

Giudizio è un termine religioso, figlio dei tempi in cui i Tarocchi si svilupparono, i Tarocchi tuttavia di religioso, sul piano del significato, hanno ben poco.

Da una prospettiva prettamente esoterica infatti, il giudizio finale simboleggia il compimento del viaggio dell'Iniziato il quale non avrà nessun Dio e nessun Diavolo che lo premierà o lo punirà. La sua autocoscienza e la sua autoconoscenza sono a questo punto del cammino massime e non necessitano di intermediari che ne accertino il grado spirituale. Questo grado infatti è il massimo raggiungibile dall'uomo il quale arrivato fin qui non è più nemmeno tale in quanto completamente trasceso e trasmutato[52].

Il suo lungo, travagliato e affascinante ciclo di maturazione spirituale è completato: siamo nel Risveglio vero e proprio, nella dimensione

---

[52] Per un approfondimento sul tema del giudizio finale in relazione alla morte da un punto di vista esoterico, rimando al mio saggio dal titolo *La morte come evoluzione iniziatica,* CS Publishing, Seattle 2015.

metafisica, quella da dove veniamo, la carta del Giudizio è in sostanza il ritorno a casa.

L'angelo, intermediario tra uomo e divinità, lo accoglie suonando trionfante una musica celestiale che prorompe fuori dalle nuvole e le anime, come la odono, si risvegliano, escono dalle loro tombe: è la resurrezione dopo la morte iniziatica.

Mentre in Wirth e Waite, tutti gli esseri[53] guardano all'angelo, nei Tarocchi di Marsiglia, l'uomo e la donna, il padre e la madre, hanno le mani giunte in preghiera verso il figlio, lo pregano proprio, cioè lo venerano, lui infatti è ormai il Maestro. È la sintesi di tutte le figure umane che abbiamo visto finora: il Matto, il Mago, il Papa, l'Appeso ecc. È il bambino alchemico nato dal matrimonio degli opposti. È l'essere trasmutato che esce fuori dalla tomba[54], si è risvegliato al suo vero Sé, ha compiuto l'opera

---

[53] In Waite ce ne sono altri tre sullo sfondo oltre alla famiglia.

[54] Nei marsigliesi e in Wirth infatti, solo il bambino esce da una tomba, è lui il vero risorto, i genitori infatti gli stanno di fronte, non sappiamo se l'intero processo alchemico ha incluso anche loro. Waite invece che interpreta questo arcano in maniera diversa come vedremo, fa fuoriuscire da due tombe anche i genitori stessi.

di una vita: la Grande Opera. Rappresenta la finale vittoria dello Spirito sulla materia, il definitivo superamento di ogni dualismo.

Nella storia dell'alchimia occidentale, di rilevante importanza simbolica risulta essere il figlio del Re e della Regina, uniti nel *Matrimonio alchemico* (splendidamente rivisitato dalla pittrice surrealista contemporanea Madeline Von Foerster nell'omonima opera)[55]. Quel «figlio» infatti simboleggia l'unione di maschile e femminile, degli opposti finalmente riconciliati e *rinati*

---

[55] Il dipinto è visibile a questo link: http://www.madelinevonfoerster.com/chemicalwedding.htm

«L'immagine delle nozze rappresenta l'unione dell'ego e dell'inconscio; in altre parole, la creazione del Sé manifesto. Più precisamente l'alchimista impersona l'ego, mentre il re rappresenta la coscienza stessa. [...] La regina personifica l'inconscio, e perciò rappresenta il mondo interiore con le sue variegate meraviglie. [...] Il fine dell'opera è unire gli opposti presenti nell'unione di maschile e femminile, e in particolare di unire il conscio con l'inconscio. Per mezzo di questa unione emerge il Sé manifesto». J. RAFF, *Jung e l'immaginario alchemico*, Edizioni Mediterranee, Roma 2008, pp. 187-188.

Si veda anche J. V. ANDREAE, *Le nozze chimiche di Christian Rosenkrutz*, Studio editorial, Milano 1987.

nella loro manifestazione superiore, androgina, al di sopra delle differenze: il Sé [56].

A conferma di una «illuminazione» raggiunta, nei Tarocchi di Marsiglia il figlio ha un foro in testa da cui si potrebbe immaginare un flusso di luce possa fuoriuscire ed entrare. Il suo capo è in pratica una sorta vortice (di energia) con un buco nel mezzo. Egli inoltre spunta fuori da una bara d'oro, colore identico a quello dell'aureola dell'angelo che suona la tromba del giudizio, ad attestare un'ulteriore affinità coi piani metafisici, rappresentati dall'angelo.

Quest'ultimo sta suonando la tromba, ossia sta emettendo fiato. Tale elemento è al quanto simbolico poiché il soffio rimanda più

---

[56] «Gli alchimisti parlano di Nozze divine degli opposti e di «Nozze chimiche». [...] Tuttavia esiste un'Opera Maggiore e, di conseguenza, un matrimonio superiore, tra la Regina e un Re (detto anche Sole). La Regina è anche raffigurata come Aurora, la dea romana dell'alba, sorella di Elio, il Sole. Queste nozze sono definite "*hieros gamos* del Sole e della Luna" e "*coniunctio* del fuoco e dell'acqua. E ancora, si contempla la morte e la resurrezione di questo "androgino ermetico"». J. HOLMAN, *Il ritorno della filosofia perenne*, Arethusa, Torino 2011, p. 82.
Si veda anche E. ZOLLA, *The Androgyne: Fusion of the Sexes*, Thames § Hudson, Londra 1981, CrossRoad, New York 1982, tr. it. Red, Como 1989 (tr., fr., giapp.)

specificatamente al respiro in sé e quest'ultimo alla meditazione. Dunque, in quanto il soffio dell'angelo è predominante nella scena raffigurata, questa (oltre a quella della Temperanza, come abbiamo visto) è una carta legata ai percorsi di meditazione e al ruolo del respiro quale strumento purificatore, rigeneratore.

Il *prana* sanscrito, lo *pneuma* greco o lo *spiritus* latino, è il protagonista di questo Risveglio.

Per i presocratici esso coincideva con l'anima, il principio originario, l'*arché* (ἀρχή), il quale per quanto impalpabile e invisibile, poteva materializzarsi - considerando ad esempio un otre vuoto che soffiandovi dentro si gonfiava riempiendosi di materia.

Per il Cristianesimo è lo Spirito Santo mentre per i filosofi rinascimentali, maghi e occultisti (Bruno, Agrippa, Paracelso), esso era uno strumento divino per influire sulle azioni umane e modificare la materia.

Il bambino risvegliato, la creazione alchemica, simbolo del compimento dell'Opera, guarda proprio a quella tromba da cui viene il respiro divino che si dipana nella materia sottostante.

In Wirth e ni tarocchi di Marsiglia la distanza tra la testa del fanciullo e la parte esterna della tromba da cui esce il suono, è incredibilmente ravvicinata.

Va notato che in Waite invece la situazione è del tutto diversa: il suono va a toccare direttamente la madre. Il celebre esoterista tratteggia le linee del suono fuoriuscenti dalla tromba che vanno a toccare direttamente le braccia aperte della donna, la quale sembra aspettarle. Mentre nei marsigliesi e i Waite, l'angelo ha lo sguardo fisso nel vuoto, in Wiate esso è invece chiaramente diretto verso la donna e i due personaggi inoltre hanno un evidente elemento in comune, il colore dei capelli, lo stesso identico biondo, tra l'altro l'unico colore tra gli esseri umani lì presenti[57].

La donna inoltre, tra i vari esseri resuscitati, è il più alto e l'unico di profilo, tutta questa attenzione a questa figura non va per nulla sottovaluta, forse la donna rimanda a madre natura stessa, la donna dunque simboleggia la materialità in sé, tutta intera che per Waite

---

[57] In Waite infatti oltre alla famiglia, come già menzionato, abbiamo altre tre persone nello sfondo, una grande differenza questa, oltre a ciò né il padre né la madre hanno le mani giunte, tutti gli esseri, bambino compreso, hanno le braccia allargate (proprio come il bambino a cavallo nell'arcano precedente) in segno di gioia.

nella lama del Giudizio rappresenta la tramutazione totale su tutto il piano materiale. Un ultimo dettaglio da considerare inoltre: nei marsigliesi e in Wirth dalla nuvola dell'angelo spuntano diversi raggi colorati, le idee e i messaggi che egli emana, totalmente assenti in Waite, in Wirth oltre ad essi cadono gocce di luce, le stesse viste nel Sole e nella Luna che qui però simboleggiano le scintille di amore divino cadute appunto sugli uomini dal cielo grazie all'intermediario per eccellenza tra cielo e terra, l'angelo appunto. In Wirth oltretutto al centro della fronte dell'angelo abbiamo un evidentissimo terzo occhio, perfettamente in linea con la linea della tromba, ad evidenziare ancora di più la natura metafisica del personaggio in questione.

Per ciò che concerne il piano prettamente divinatorio, il Giudizio è la carta della notizia, della buona novella, dell'informazione che cercavamo e aspettavamo. La notizia però potrebbe anche essere imprevista, va da sé dunque che le carte ad essa vicina possono influenzarla positivamente, Sole, o negativamente, Torre.

In conclusione però questo arcano, come facilmente intuibile è una lama karmica che ci parla di un karma positivo appunto, le anime sono chiaramente giudicate positivamente, per di più da un angelo. In più, siamo alla fine del viaggio, fine nella quale le ultime tre carte, appunto Sole, Giudizio e Mondo, ne decretano il trionfo, il successo, sia materiale che spirituale.

Queste ultime tre lame sono tra le migliori dell'intero mazzo, va da sé che in un consulto la loro uscita apporta un notevole miglioramento alla situazione specifica da decifrare.

21.
MONDO

E dopo il Risveglio, il *Samadhi*, ossia l'estasi suprema.

Qui ogni dubbio viene trasceso: la ghirlanda è l'uovo cosmico, simbolo del compimento della Grande Opera alchemica. Il viaggio, iniziato dal Matto che non sapeva nemmeno dove andare, è ora finalmente terminato, siamo tornati a *casa*, quella primordiale: il "paradiso". A tale proposito si può affermare che il Mondo è il paradiso o il paradiso è il Mondo, dal momento che nel *Samadhi* non esistono più dualismi ma si scopre la vera realtà per quella che è: percipiente e percepito sono uniti.

Tale scoperta è gioiosa, come ci racconta la carta, la fine del viaggio è una fine stupenda: non esistono i castighi cristiani, alla fine del percorso c'è solo successo, vittoria totale, Conoscenza Suprema. Già nelle *Upanishad* si legge: «Dalla gioia questi esseri sono nati; per la gioia vivono e crescono; alla gioia ritornano».

L'angelo, il bue, l'aquila e il leone, ossia le quattro figure che incorniciano la donna dentro la ghirlanda, simbolo della vita nella sua più totale vittoria e celebrazione, rimandano ai quattro semi degli arcani minori e ai quattro imperativi magici: sapere, volere, osare, tacere. Quasi a dirci che sono essi a contornare il successo finale, a portare ad esso e a rimanere con esso.

Questi simboli corrispondono rispettivamente ai segni dell'Aquario, del Toro, del Leone e dello Scorpione che sono a loro volta associati ai quattro elementi Aria, Terra, Fuoco e Acqua.

Mentre in Waite, e ancora di più in Wirth, il bue è ben definibile con tanto di corna, nei Tarocchi di Marsiglia l'animale in basso a sinistra non è ben riconoscibile; di color carne, esso sembra essere un incrocio tra un bue e un cavallo.

È comunque un animale da traino e in quanto tale simboleggia l'offerta e l'aiuto all'uomo, il sacrificio. Nei marsigliesi questo animale si differenzia completamente dagli altri, non solo per il colore della sua pelle che ne racconta una diversa origine ma soprattutto questo cavallo-bue, a differenza delle altre tre figure, non ha l'aureola: non partecipa all'elemento eterno. Purtuttavia, in tutti e tre i mazzi, la fanciulla ha il volto rivolto verso di esso e tale elemento va a riabilitare una presunta "esclusione" dalla santità degli altri tre.

Waite e Wirth invece mettono tutte le figure sullo stesso piano non mostrando alcuna differenza tra loro e per farlo escludono anche l'elemento dell'aureola: ad essere sacro è solo il corpo deificato della fanciulla danzante all'interno dell'infinito. C'è da notare inoltre che il drappo che tiene davanti a sé la fanciulla in Waite è di colore viola e fa pensare a una sorta di flusso di energia che avvolge la figura dal basso verso l'alto rimandando ancora una volta alla *kundalini*, forse qui ancora più esplicitamente che nel Sole. Nei marsigliesi invece il drappo è dello stesso suo color carne: lei e la *kundalini* sono un tutt'uno. Non c'è più differenza tra la donna e la sua autorealizzazione, sono ormai il medesimo oggettivo fenomeno coagulatosi su tutti i piani da quello carnale a quello spirituale. In Wirth è di colore rosso intenso che va a richiamare l'ultimo stadio dell'Opera alchemica, "l'opera al rosso" appunto.

Per quanto riguarda più specificatamente le altre tre figure va precisato che l'angelo senza dubbio rappresenta la perfezione spirituale e una sacralità raggiunta e irradiante, esso rimanda inoltre alla sfera prettamente emozionale e sentimentale, maturata e sublimata del tutto dopo il lungo percorso di trasmutazione.

L'aquila con l'aureola simboleggia una realizzazione anche sul piano mentale in quanto tra mente e corpo c'è ora un'assoluta sincronia: l'aquila rappresenta il rischiaramento totale della sfera noetica, rappresenta la genialità, la mente nella sua più alta realizzazione.

Il leone, anch'esso dotato di aureola, anch'esso sacralizzato, rappresenta lo sforzo del corpo, la potenza che da selvaggia si è andata sublimandosi lungo il percorso divenendo autocosciente e pienamente armonizzata, focalizzata e sincronizzata con l'aquila, la mente.

Queste quattro energie si focalizzano verso il centro, vero l'ovale, verso l'*anima mundi* dei filosofi rinascimentali, verso l'*entanglement*, per usare termini quantistici, di mente e corpo, materia e spirito, mondo e cosmo, umano e divino.

Un altro dettaglio da valutare è il piede: nei marsigliesi e in Wirth poggia a terra mentre in Waite non esiste suolo. Se in quest'ultimo dunque il distacco materiale è pressoché totale, con il mondo ormai trasceso, negli altri

127

due mazzi si vuole evidenziare un contatto ancora reale e vivido, quasi a simboleggiare un percorso compiuto e portato ora con sé, quale bagaglio conoscitivo, quale *esperienza*.

Questa lama ci racconta che il mondo non solo è stato accettato per ciò che è, senza giudicarlo, condannarlo o rifiutarlo addirittura, no, esso è stato semmai utilizzato quale mezzo di esperienza di realizzazione, il campo da gioco in cui lo sfidante è diventato eroe, vincendo.

La fanciulla ha due bacchette magiche[58], il viaggio era cominciato con il Mago, che ne aveva solo una in mano. L'operosità magica del Mago è in questa lama definitivamente compiuta, massimamente realizzata, entrambe le mani della donna, sono all'opera. La donna che i Waite non poggia i piedi a terra, sembra quasi librarsi in volo grazie a queste due bacchette che fungono da ali per una figura che di umano a questo punto dell'iniziazione ha ormai ben poco.

Il viaggio è ultimato, la trasmutazione realizzata, quel Mago iniziale, al lavoro nel tavolo di fronte a sé è ora diventato questa fanciulla danzante, o volante, sulle ali della

---

[58] Una per mano nei marsigliesi e in Waite, tutte e due in una mano in Wirth.

magia, incorniciata dai quattro elementi e dal nome stesso dell'arcano: Mondo, ossia realtà tutta intera, tuta spiegata e dispiegata di fronte a sé, letta, esperita, vissuta e compresa, introiettata e trascesa. La donna è il Mondo e il Mondo è la donna.

La corona che la circonda simboleggia la vittoria in quanto da sempre la corona è simbolo di potere, di vittoria, di successo. Quella che incornicia la fanciulla del Mondo rappresenta la sconfitta di ogni avversità, una vittoria non solo sul piano astratto e spirituale ma anche materiale, la donna è chiaramente in carne ed ossa, è una figura che per quanto abbia trasceso sé stessa, si presenta ancora sotto sembianze umane e sono proprio esse ad essere incoronate da una ghirlanda di trionfo.

A conferma del valore sacro di tale simbolo, va notato che anche nel Cristianesimo, Gesù e i vari santi vengono raffigurati all'interno di un ovale e l'uovo d'altronde è un profondissimo simbolo esoterico, si pensi a quanto viene citato e ricitato in Bosch ad esempio.

Esso rimanda infatti all'uovo filosofico dell'arte alchemica nella quale si ritrovano ancora i quattro elementi: il guscio è la terra, l'albume è l'acqua, la sottilissima membrana che si trova sotto al guscio è l'aria mentre il tuorlo è il fuoco.

Sul piano prettamente divinatorio, anche il Mondo è una carta di evento, ma più simile alla Fortuna (che gira bene) piuttosto che al Giudizio in quanto l'evento qui è in relazione a concetti quali bellezza, rinascita, realizzazione, fecondazione, fertilità.

Il Mondo non è una carta "forte" come invece potrebbe essere il Papa, l'Imperatrice, il Diavolo, il Carro o la Morte.

Non è un incastro che serve a far girare la ruota del viaggio in quanto il viaggio è stato appena ultimato. Al traguardo non siamo più operativi, siamo semmai appagati, fieri e felici ma in qualche modo statici ecco perché il Mondo, a dispetto di molte interpretazioni ricorrenti, non sempre influenza particolarmente le carte vicine, in quanto né è congenitamente distaccato. Per certi versi il Mondo è simile all'Appeso e all'Eremita, anch'essi isolati nella loro staticità staccata da tutto e da tutti, anche se ovviamente con i relativi e palesi distinguo: Appeso e Eremita sono statici perché in qualche modo soffrono, il Mondo è statico perché è in estasi, è dal mondo, cioè da sé stesso, staccato.

In ogni modo, il Mondo è certamente la carta migliore del mazzo e in sede divinatoria, quando esce, ha sempre e comunque un messaggio chiaro e netto: vittoria, trionfo, realizzazione, successo massimo oltre il quale non esistono limiti.

BIBLIOGRAFIA

AGOSTINO, *Le Confessioni*, Bur, Milano 1997.

J. V. ANDREAE, *Le nozze chimiche di Christian Rosenkrutz*, Studio editorial, Milano 1987. *Bhagavad Gita*, Il Punto d'incontro, Vicenza 2014.

F. BARDON, *Introduzione alle dottrine ermetiche*, Venexia, Roma 2011.

L. CARRINGTON, *Down below*, Black Swan Press, San Francisco 1983.

M. ELIADE, *Il mito dell'eterno ritorno*, Borla Edizioni, Roma.

ERACLITO, *I frammenti e le testimonianze*, tr. it. di C. Diano, Mondadori, Cles (TN) 2000.

P. FLORENSKIJ, *Il valore magico della parola*, trad. it. di G. Lingua, Medusa, Milano 2003 .

J. HOLMAN, *Il ritorno della filosofia perenne*, Arethusa, Torino 2011.

A. JODOROWSKY, *La danza della realtà*, tr. it. di M. Finassi Parolo, Feltrinelli, Milano 2001,
- *Castelli di carte*, Feltrinelli, Milano 2007.

- *Cabaret mistico*, tr. it di M. Finassi Parolo, Feltrinelli, Milano, p. 78.

C. G. JUNG, *Simboli della trasformazione* in *Opere vol.V*, Bollati Boringhieri, Torino 1970.

LINGUA, *Magia e forza ontologica del nome*, in P. FLORENSKIJ, *Il valore magico della parola*, trad. it. di G. Lingua, Medusa, Milano 2003

G. MARCHIANO', *La cognizione estetica tra Oriente e Occidente*, Guerini e associati, Milano 1987.

G. PICO DELLA MIRANDOLA, Il *Discorso sulla dignità dell'uomo*, Guanda, Parma 2003.

G. MALVANI, *De Alchimia*, Edizioni Penne e Papiri, Latina 1998

T. PALAMIDESSI, Quaderni, Associazione Archeosofica, Lucca 2008.

J. RAFF, *Jung e l'immaginario alchemico*, tr. it. di
A. Lamberti-Bocconi, Mediterranee, Roma
2008.

E. SERVADIO, *Passi sulla Via Iniziatica*,
Mediterranee, Roma 1977.

SWAMI PREMBODHI–SWAMI ANAND
RAJENDRA, *Il Tarocco intuitivo. Una chiave di
lettura tra psicologia e magia*, Edizioni re Nudo,
Francenigo (TV) 2007.

L. TUAN, *Il linguaggio segreto dei Tarocchi*, De
Vecchi, Milano 2009.

P. VERNI, *Il culto del lingam*, Sucargo, Milano
1976.

E. ZOLLA, *Le meraviglie della natura.
Introduzione all'alchimia*, Marsilio, Venezia
1991.

- E.ZOLLA, *Lo stupore infantile*, Adelphi,
  Milano 1994

www.luciogiuliodori.net

www.luciogiuliodori.net

www.ingramcontent.com/pod-product-compliance
Lightning Source LLC
Chambersburg PA
CBHW060358290526
45791CB00002B/560